"十三五"国家重点图书出版规划项目

Translation Series on the International
Law of the Sea

世界海洋法译丛

海上边界国家实践发展现状
III

张海文　黄　影

·主编·

青岛出版社

声　　明

　　本书引用的名称和材料并不代表联合国秘书处关于任何国家、领土、城市或地区或其当局的法律地位或对其边界或界限的划分的任何观点。

前　言
PREFACE

从 1609 年荷兰法学家格劳秀斯发表著名的《海洋自由论》到 1994 年 11 月 16 日《联合国海洋法公约》(以下简称《公约》)生效,海洋法经历了一个漫长而坎坷的发展过程。如今,海洋法已发展成为国际法中内容最新、最完备的一个分支。截至 2017 年 11 月,《公约》已成为一个拥有 168 个缔约方的国际条约。根据《公约》,沿海国家可以拥有自己的领海、毗连区、专属经济区、大陆架;群岛国还可拥有群岛水域。国家在不同的海域中行使不同的主权、主权权利和管辖权。

联合国秘书处海洋事务与海洋法司已将各国政府根据《公约》的有关规定向联合国秘书处交存的文件予以公布,这些文件主要有:(1)沿海国家的有关海图或地理坐标表,注明直线基线、群岛基线;领海、专属经济区和大陆架外部界限的大地基准点。(2)沿海国公布的所有有关无害通过的法律和规章;海峡沿岸国公布的在用于国际航行的海峡中有关过境通行的法律和规章;沿海国在其领海的特定区域内暂时停止外国船舶的无害通过的情况。(3)沿海国家的立法实践。

考虑到我们在海洋法研究、实践以及立法工作上的需要,我们决定将世界各国海洋立法、海洋边界实践以及国际海洋争端解决的经典案例译成汉语,并列为国家海洋局海洋发展战略研究所关于海洋权益与法律问题的系列研究项目之一,逐步编译成册出版,丛书名定为《世界海洋法译丛》。我们的决定得到了联合国秘书处海洋事务与海洋法司的赞同和支持。

本丛书的内容包括世界沿海国家的海洋立法汇编8卷(非洲卷1卷、欧洲卷3卷、美洲卷2卷、亚洲卷1卷、大洋洲卷1卷)、海上边界协定1卷、海洋法争端解决国际案例汇编1卷和海上边界国家实践发展现状4卷,共计14卷。

《公约》生效后,《公约》中包含的原则和规则开始对各国的海洋实践产生重大影响,在各国海洋立法中尤为明显。国内立法是国际法研究的一个重要方面,不仅是一国履行国际义务的实践,还可以为国际习惯法的形成和发展提供证据。本丛书中的沿海国海洋立法系列将沿海国立法分为5个部分,分别是非洲国家、亚洲国家、大洋洲国家、欧洲国家和美洲国家。在每部分中将国家按英文字母先后顺序排列。此系列的翻译原文均为联合国网站公布的各国提交的该国立法英文文本。需说明的是,其中有些立法是从其他语种的官方文本译为英文的。我们在翻译过程中尽量做到忠实原文,对有明显错误的地方作了注释。译文尽量保持原立法的完整性,仅对个别立法中与海洋法无关的内容作了省略,并作出标明。

海洋划界是现代海洋法的重要部分。《公约》对国家主权和管辖海域的规定(增加领海宽度、设立专属经济区这一新制度,重新界定大陆架等)使得各沿海国之间出现了大量的重叠主张。各沿海国家相互之间签署了大量的边界协议,但仍有200多项海洋划界问题亟待解决。海洋划界的发展经历了3个阶段:第一个阶段自18世纪至二战爆发前,见证了沿海国普遍接受将陆地领土主权延伸至领海的历程,形成了一些划界的基本原则。第二个阶段始于第一项领海范围以外海洋划界协定(1942年《帕里亚湾条约》)的出台,进而杜鲁门1945年发布《大陆架公告》,直至1958年《大陆架公约》和1969年《北海大陆架案》,见证了海洋划界向外拓展并涵盖大陆架的过程。第三个阶段自专属经济区概念和大陆架新定义首次引入第三次《联合国海洋法公约》会议谈判案文并最终写进《公约》开始,海洋划界有了新的内涵。本丛书中的海上边界协定部分收录了1942—1991年相关国家之间签订的海洋划界协定。为方便查询,协定按地区分类汇总,如大西洋区域(北大西洋和南大西洋)、加勒比区域、地中海区域、印度洋区域和太平洋区域(东太平洋和西太平洋),每个区域依照国别和划界区域列出协议。

本丛书中的海洋法争端解决案例系列收录了自19世纪末至20世纪初的33个海洋法典型案例,内容编排为7章,涵盖了海洋法主要的案例类型:第一章为基线、海湾和领海类案例;第二章为国际航行海峡类案例;第三章为海洋划界类案例;第四章为渔业和海洋生物资源类案例;第五章为公海刑事管辖权和船旗国管辖权类案例;第六章为航行类案例;第七章为海洋环境类案例。这些案例包含了国际常设法院(Permanent Court of International Justice,2宗)、中美洲法院(Central American Court of Justice,1宗)、国际法院(12宗)和国际海洋法法庭(International Tribunal for the Law of the Sea,7宗)作出的判决及仲裁法庭(10宗)和特别委员会(1宗)作出的仲裁裁决。由于有些涉及海洋法的争议仍在审理当中,因此不排除以后会更新相关审理结果的可能性。

本丛书中的海上边界国家实践发展现状系列旨在广泛传播各国在实践中适用《公约》的现状,为《公约》的实施提供帮助,促进各国统一、一致地适用《公约》规定的复杂而全面的国际规则。此系列包括1982—1994年的双边和多边条约、国内立法及政府照会、宣告和声明,按照国家字母顺序逐一列出。内容涵盖以下事务:领海基线、领海宽度及归属、专属经济区的建立、大陆架的界定、海岸相向或相邻国家间海上边界的划定等。

本丛书的编译工作由张海文主持,北京大学法学院李红云教授及其部分研究生、北京师范大学法学院张桂红教授及其部分研究生以及原国家海洋局国际合作司梁凤奎、祁冬梅、宁佳、蔡璧岭等参与了翻译工作。

天津外国语大学黄影讲师负责本丛书的审校工作。丛书的文字翻译是对联合国公开资料的客观展示，以利于国内读者作为资料参考，并不代表编者和出版者认可其观点和立场。在编译过程中由于水平所限，错误在所难免，在此欢迎读者批评指正。本丛书集合了国内立法和政策、边界协定和国际法案例，为我国了解国际海洋边界的最新进展、熟悉"海上丝绸之路"沿线国家的基本情况，以及国际司法和仲裁机构对各类涉海问题的解读和分析提供了权威参考资料，对于推动国际法治、实现海洋强国具有重要的现实意义。我们希望通过《世界海洋法译丛》的编译出版，能对我国研究海洋法的学者和学生、涉海的政府行政主管部门、海洋立法和执法机构提供一些帮助和参考，为我国海洋事业的发展尽绵薄之力。

编译者

2017 年 11 月 28 日

目　录
CONTENTS

一、批准 1982 年《联合国海洋法公约》的声明

二、有关 1982 年《联合国海洋法公约》的法律信息

三、各国抗议

四、条约和其他官方文件

一、批准1982年《联合国海洋法公约》的声明

阿　曼
Oman

批 准 声 明*

根据《公约》第三百一十条的规定,以及由阿曼苏丹国之前在 1982 年 6 月 1 日发布的《关于在阿曼苏丹国海岸线上的任意点以及岛屿和海岸线之间的海湾和水域内的封闭线建立直线基线的声明》,根据第 15/85 号皇家法令第二条 c 段和阿曼苏丹国使其法律符合《公约》规定的意愿,阿曼苏丹国作出以下声明:

第 1 号声明　领海

1. 阿曼苏丹国根据 1981 年 2 月 10 日发布的第 15/85 皇家法令的第二条确定其领海从离基线最近的点起算,向海一侧延伸至 12 海里。

2. 阿曼苏丹国对上述领海、领海上空及其海床和底土行使完全主权,其符合苏丹国的相关法律和规定,并与《公约》中的无害通过原则相一致。

第 2 号声明　军舰通过阿曼领海

保证军舰可无害通过阿曼领海水域,但须得到事先许可。此规定也适用

＊以下国家也作出了批准声明:巴西、佛得角、古巴、埃及、几内亚比绍、冰岛、科威特、菲律宾、突尼斯、坦桑尼亚以及南斯拉夫联合共和国。这些声明的全文见《联合国海洋法公约的现状》(联合国出版物,销售号 E. 85. V. 5)、《国家实践发展现状》(联合国出版物,销售号 E. 87. V. 3)和《国家实践发展现状Ⅱ》(联合国出版物,销售号 E. 89. V. 7)。

于潜艇,条件是其必须在海面上航行并展示其来源国的旗帜。

第 3 号声明　核动力船舶等通过阿曼领海

关于外国核动力船舶和载运核物质或其他本质危险或对健康或环境有害物质的船舶,其无害通过权须得到事先许可,并保证适用于符合上述说明的各类船舶,不论其是否为军舰。这项权利也适用于符合上述说明的潜艇,条件是其必须在海面上航行并展示其来源国的国旗。

第 4 号声明　毗连区

毗连区从领海外部界限扩展至 12 海里,并且阿曼苏丹国享有根据《公约》确立的同样的权利。

第 5 号声明　专属经济区

1. 根据 1981 年 2 月 10 日颁布的第 15/85 皇家法令第五条,阿曼苏丹国确定其专属经济区为从测算领海的基线量起向海一侧延伸 200 海里的区域。

2. 阿曼苏丹国拥有对专属经济区的主权权利并且根据《公约》的惯例行使该区域管辖权。阿曼苏丹国进一步声明,在专属经济区行使《公约》所规定的权利及履行义务时,将考虑其他国家的权利和义务,并以符合《公约》规定的方式行事。

第 6 号声明　大陆架

阿曼苏丹国为探测大陆架及开发其自然资源之目的,根据地理条件以及《公约》对大陆架行使主权权利。

第 7 号声明　根据《公约》选择用于解决争端的程序

根据《公约》第二百八十七条,阿曼苏丹国声明其接受《公约》附件六规定的国际海洋法法庭和国际法院的管辖,以期解决阿曼苏丹国和他国之间可能就《公约》的解释或适用产生的任何争端。

二、有关1982年《联合国海洋法公约》的法律信息

来自各国政府的最新国家立法

阿尔巴尼亚
Albania

....

修改关于阿尔巴尼亚社会主义人民共和国国境的
第 4650 号法令的第 7366 号法令*
（1990 年 3 月 9 日）

第一条

1970 年 3 月 9 日第 4650 号法令第一条第 4 款应作如下修改：

"阿尔巴尼亚人民社会主义共和国的领海沿整个海岸线延伸 12 海里（22 224 米）的宽度，沿直线基线依次穿过罗登角（穆兹利）、巴拉角、拉吉角（图尔拉城堡）、塞曼角、约撒河河口、萨赞岛东北岸、求赫扎和格拉玛海湾，延伸至阿尔巴尼亚海岸和希腊群岛之间的科孚海峡。巴娜河河口到罗登角之间隶属阿尔巴尼亚的领海一直延伸至阿尔巴尼亚－南斯拉夫国界线。"

第二条

本法令在其官方报纸公布后 15 天生效。

＊A/45/261，附件。

阿 根 廷
Argentina

第 23.968 号法案*
（1991 年 8 月 14 日）

第一条

测量阿根廷共和国海域界限的基线应为本法附件一列表中划定的正常和直线基线，并绘制在附件二中本法提及的海图上**。

这些基线应包括第 17.094 号法案第一条规定的连接圣马蒂亚斯湾（San Mateas Bay）、努埃沃湾（Nuevo Bay）以及圣豪尔赫湾（San Jorge Bay）湾口的各海岬的线，以及标记拉普拉塔河口湾（Rio de la Plata Bay）外部界限和相应的 1973 年 11 月 19 日的海洋界限的线。

阿根廷共和国享有主权权利的南极洲地带的基线应通过后续法律确定。

第二条

在依本法第一条划定的基线内侧的水域构成阿根廷共和国的内水。

第三条

阿根廷的领海应从依本法第一条确定的基线量起延伸至 12 海里。

＊ 翻译由联合国秘书处提供。

＊＊ 附件一可在联合国海洋事务和海洋法司查阅;附件二不可用。

阿根廷对其领海及其上空、海床和底土享有和行使完全的主权。

第三国的船舶只要在通过领海时遵守国际法和阿根廷作为沿海国制定的法律和规章,就享有领海无害通过权。

第四条

阿根廷的毗连区位于领海的外部界限之外,从依本法第一条确立的基线起延伸 24 海里的距离。

阿根廷在该区域行使管辖权,防止或惩罚在其领土或领海内违反财政、卫生、海关和移民法律或规章的行为。

第五条

阿根廷的专属经济区位于领海的外部界限之外,从依本法第一条确立的基线起延伸 200 海里的距离。

在专属经济区内,阿根廷享有以勘探和开发、养护和管理海床上覆水域和海床及其底土的自然资源(无论是生物资源还是非生物资源)为目的的主权权利,以及在该区域内从事经济性开发和勘探,如利用海水、海流和风力生产能源等其他活动的主权权利。

有关资源保护的国家规定适用于 200 海里区域以外的洄游物种或构成阿根廷专属经济区物种食物链的一部分的物种。

第六条

阿根廷享有主权的*大陆架应包括领海以外依其陆地领土的全部自然延伸,扩展到大陆边外缘的海底区域的海床和底土,如果从依本法第一条确定的测算领海宽度的基线量起到大陆边外缘的距离不到 200 海里,则扩展到 200 海里的距离。

第七条

第三条、第四条和第五条所提及的海域的外部界限应按照从本法第一条确定的基线量起的各自宽度来确定。

"海里"是指国际海里,相当于 1 852 米。

第八条

海军水文部门应绘制并更新海图,标明本法第一条、第三条、第四条和第

---

* 原文如此。根据《联合国海洋法公约》,沿海国并不对大陆架本身拥有主权。

五条划定的界限,以便经对外事务与礼宾部同意后妥为公布。

第九条

在此划定的海域中,阿根廷共和国有建造并授权和管理建造、操作和使用各种类型的设施及结构的专属权利,包括有关财政、海关、卫生和移民的法律和规章的管辖权。

第十条

第 22.415 号法律(即《关税法典》)第五百八十五条、第五百八十六条、第五百八十七条及第五百八十八条应修改如下:

第五百八十五条　凡从阿根廷领海或专属经济区或属于其主权范围内的海床和底土中提取或获得产品,并意图将其运往海外或某个免税区,应视为从一般关税区的消费品出口。

第五百八十六条　消费者从阿根廷领海或专属经济区或属于其主权范围下的海床或底土获得并进口到一般关税区或特别关税区的产品,可免缴相关税款和适用经济禁令。

第五百八十七条　只要意图将产品的使用或消费作为在阿根廷领海或专属经济区或属于其主权范围内的海床或底土中进行的勘探、开发、培植、加工、混合或任何类型的活动的一部分,则从一般关税区或特别关税区到这些区域的消费品出口可免缴相关税款和适用经济禁令。

第五百八十八条　在阿根廷的整个或部分领海或专属经济区,或其主权范围内的海床或底土,行政长官可以决定对来自外国或某个免税区的产品全面或部分适用一般程序、关税和禁令。

第十一条

本法应交 Alberto R. Pierri – Eduardo Menem – Juan Estrada – Hugo R. Flombaum 行政当局。

本法由位于布宜诺斯艾利斯的阿根廷国会于 1991 年 8 月 14 日制定。

澳 大 利 亚

Australia

关于确立澳大利亚领海的公告*

（1990 年 11 月 13 日）

澳大利亚常驻联合国代表团向秘书长致意,并希望建议:1990 年 11 月 20 日,澳大利亚领海通过公告由 3 海里延伸到 12 海里。这一行动符合 1982 年《公约》第三条。

以下是外交与贸易部部长和总检察长于今天(1990 年 11 月 13 日)发布的新闻:

"外交与贸易部部长加雷思·埃文斯议员和总检察长迈克尔·达夫于今天宣布:政府同意将澳大利亚领海由 3 海里延伸至 12 海里。

"部长们表示:拥有 12 海里领海的权利已在国际上得到确立,而且领海、海床及领空的主权扩展到 12 海里将给澳大利亚带来显著优势。

"'这将使我们更加有效地控制澳大利亚的海洋环境及其生物和非生物资源。同时,在我们扩展的 12 海里内实施控制石油污染及其他海洋污染的措施以及航行管制的能力将成为保护大堡礁等宝贵区域的另一项保障措施。'部长们说道。

＊澳大利亚常驻联合国代表团公布于普通照会号 269/90,日期为 1990 年 11 月 29 日。

"它还将为澳大利亚带来相当大的国防、海关和检疫优势,因为我们现在能够根据国际法在 12 海里的领海区域行使主权。

"部长们还表示:1979 年与各州政府签订的《离岸宪法解决协议》将不会受这项决定的影响。当时经商定,这些协议仅适用于 3 海里领海,不论澳大利亚是否随后改变为 12 海里领海。

"'将澳大利亚领海延伸至 12 海里的公告将根据《海洋和水下土地法》予以公布,并于 1990 年 11 月 20 日生效。'部长们表示。"

伯利兹
Belize

**1992 年海洋区域法（本法规定伯利兹的领海、内水和
专属经济区以及与此有关或附带的事项）**

（1992 年 1 月 24 日）

条 款 安 排

根据伯利兹参议院和众议院的建议,并经其同意和授权,本法颁布如下:

第一部分　序　　言

第一条　简称与生效

1. 本法可称为《1992 年海洋区域法》。

2. 本法应于政府公报上公布的部长命令所指定的日期生效。

第二条 解释

在本法中：

"基线"指第四条所述的测量领海宽度的基线；

"等距离线"是指伯利兹与某个邻国之间的一条界线，该线上的每一点到伯利兹领海基线与该邻国领海基线的最近各点之间的距离相等；

"专属经济区"指第六条所述的伯利兹专属经济区，并在第七条适用的范围内依据第七条划定界限；

"外国船舶"指未依据 1989 年伯利兹的《商事船舶登记法》（1989 年第 32 号法案）登记为伯利兹船舶的船只；

"外国"指伯利兹之外的国家；

"岸礁"指直接连接或紧邻海岸或任何沿岸环礁湖的礁石；

"内水"指第五条所述的伯利兹内水；

"岛屿"指四面环水且在平均大潮高潮时高于水面的自然形成的陆地；

"低潮高地"指在低潮时四面环水并高出水面，但在平均大潮高潮时没入水中的自然形成的陆地；

"伯利兹的海域"指内水、领海与专属经济区；

"船长"，对船舶而言，指当时控制或负责船舶的人；

"部长"指负责对外事务的部长；

"海里"指相当于 1 852 米的国际海里；

"资源"指生物和非生物资源；

"领海"指第三条所述的伯利兹领海；

"规章"指依据本法制定的规章。

第二部分 伯利兹的海域

第三条 领海

1. 在本条第 2 款和第 3 款的限制下，伯利兹的领海由以基线为其内部界限，以基线向海一侧，其各点与该基线上最近各点的距离为 12 海里的线为其外部界限的海域构成。

2. 在以下第 3 款的限制下，从萨尔斯通河（Sarstoon River）的河口到雷关那岛(Ranguana Caye)的伯利兹领海由以本法附件所列地形测量的领海基线为内部界限,以基线向海一侧,其各点与该基线上最近点距离 3 海里的线为外部界限的海域构成。

3.(1)为免质疑特此宣布,上述第 2 款所称的从萨尔斯通河的河口到雷关那岛的伯利兹领海划界的目的仅为提供谈判的框架,以便与危地马拉共和国就领土争端谈判达成协定。

(2)在上述第(1)项中涉及的任何此类协定应交付全民公投以通过或否决。若经多数表决通过,该协定将作为从萨尔斯通河的河口到雷关那岛的海域中领海最终划界的基础。

(3)如果任何此类协定未获全民公投的多数表决通过,在所述区域中的领海划界将以国际法为基础确定。

4. 除在上述第 2 款和第 3 款中另有规定外,若伯利兹和某个邻国间的等距离线距领海基线上最近各点不足 12 海里,在可能的情况下,领海的划界应依据伯利兹和该邻国的协定确定;但若没有此类协定,等距离线应作为领海的外部界限。

第四条　领海基线

1. 除本条第 2 款、第 3 款和第 4 款中另有规定外,测量邻接伯利兹的领海宽度的基线应是沿伯利兹大陆沿岸以及构成伯利兹组成部分的所有岛屿和珊瑚礁沿岸的低潮线。

2. 为本条的目的,如果为测量领海宽度的目的而不考虑所有的低潮高地,全部或部分位于领海的宽度内的低潮高地应视为岛屿。

3.(1)测量安伯格里斯岛(Ambergris Caye)与萨尔斯通河之间领海宽度的基线应由一系列依次连接位于附件所列低潮线上各点或与附件所列地形相邻的各点的等方位线构成。

(2)本条第 3 款第(1)项的规定不妨碍与任何岛屿或低潮高地有关的本条第 1 款和第 2 款的实施。这些低潮高地位于本条第 3 款第(1)项确定的基线向海一侧,并为本条第 1 款和第 2 款的目的被视为岛屿。

4.(1)对于海域邻接有岸礁的海岸,测量领海宽度的基线应是岸礁低潮线的向海一侧界限。

(2)若在第 4 款第(1)项提及的岸礁之间有隔断或通道,测量领海宽度的基线应是连接该隔断或通道向海的入口各点的直线。

5. 为领海划界的目的,构成任何海港体系组成部分的最外部的永久海港工程应视为海岸的一部分,但近岸设施和人工岛屿不应视为永久海港工程。

第五条 内水

伯利兹内水由领海基线向陆一侧全部水域构成。

第六条 专属经济区

在第七条的限制下,伯利兹专属经济区由领海之外并邻接领海,以从领海基线向海一侧量起,其上各点与基线最近各点的距离为 200 海里的线为外部界限的海域构成。

第七条 专属经济区划界

1. 若伯利兹和某个邻国间的等距离线距离领海基线的最近各点不足 200 海里,则专属经济区的划界应由伯利兹与该相邻国家根据国际法确定,以便得到公平解决。

2. 对于依据本条第 1 款待解决的专属经济区划界,伯利兹与该邻国间的等距离线应构成该专属经济区的外部界限。

3. 在本条第 4 款的限制下,为执行本条第 1 款之下的任何协定的目的,国民大会得随时以 2/3 的多数赞成票决定宣布,专属经济区不包括在相反情况下根据第六条属于专属经济区的任何特定海域、海床或底土。在该决定有效时,其效力不受本法任何其他条款的影响。

4. 根据本条第 1 款与危地马拉共和国缔结的、规定以下内容的任何协定,应获全民公决同意通过:

(1)伯利兹的权利主张少于其依据国际法拥有的权利主张。

(2)伯利兹专属经济区不包括在相反情况下根据第六条处于专属经济区内的任何特定海域、海床或底土。

(3)在伯利兹专属经济区内联合开发或共同参与开发。

第三部分　与伯利兹海域有关的权利

第八条 有关领海的主权

有关以下方面的主权,属于伯利兹,并依照国际法由伯利兹行使。

（1）领海；

（2）领海的上空及其海床；

（3）海床的底土。

第九条　有关专属经济区的权利

伯利兹对专属经济区享有并行使

1. 主权权利：

（1）为了捕鱼，与捕鱼有关的航行，勘探、开发、养护和管理海床上覆水域及海床和底土中的资源；

（2）为利用海水、海流和风力生产能。

2. 有关以下事项的管辖权：

（1）人工岛屿、设施和结构的建造和使用；

（2）海洋科学研究；

（3）海洋环境的保护和维护。

3. 建造以及授权和管理建造、操作和使用：

（1）人工岛屿；

（2）为本条第 1 款规定的目的或任何其他经济目的的设施和结构；

（3）可能干扰伯利兹行使有关专属经济区的权利的设施和结构。

第十条　禁止性行为

1. 任何人不得：

（1）在专属经济区的范围内：

（a）勘探或开发资源。

（b）利用海水、海流和风力生产能。

（c）进行任何海洋科学研究。

（d）建造、操作或使用为了第九条第 3 款第（2）项提及的任何权利的行使或目的的任何人工岛屿、设施或结构，或可能妨碍行使第九条第 3 款第（3）项提及的权利的任何人工岛屿、设施或结构。

（2）在领海的范围内，从事本条第 1 款（1）项提及的任何活动，除非有，或根据或按照本法或任何其他法律的授权，或以任何其他合法的方式从事该项活动，并遵守该项授权。

2. 凡违反本条第 1 款即以违法论处，并经简易程序判处 1 万美元的罚款以及经公诉程序判处 5 万美元的罚款。

第四部分　无害通过

第十一条　解释

1. 在本部分,除非上下文另有规定:

"主管机关",对本部分任何规定而言,指部长以及为本条第 2 款的目的而依据该规定所指定的任何人或属于任何阶层或部门的人。

"指定的内水区域"指当时依据本条第 3 款被指定的内水的任何区域。

"规定的行为"指:

(1)对伯利兹的主权、领土完整或政治独立进行任何武力威胁或使用武力,或以任何其他违反《联合国宪章》所体现的国际法原则的方式进行武力威胁或使用武力;

(2)以任何种类的武器进行任何操练或演习;

(3)任何目的在于收集危害伯利兹防务或安全的信息的任何行为;

(4)任何目的在于影响伯利兹防务或安全的任何宣传行为;

(5)发射、降落或接载任何飞机或军事设施;

(6)违反有关海关、财政、移民或卫生的法律,上下任何人员、货物或货币;

(7)任何故意造成或可能造成对伯利兹及其资源或其海洋环境的损坏或危害的不法行为;

(8)任何捕鱼行为;

(9)实施研究或调查行为;

(10)任何目的在于干扰伯利兹任何通信系统或任何其他设备或设施的任何行为;

(11)规定的其他此类行为。

2. 为本部分的任何规定的目的,部长可根据规章指派任何人或者任何阶层或部门的人,并且部长得以相同的方式撤销该项指派。

3. 若部长认为在本法生效之前,第四条第 3 款第(1)项规定的基线所包围的内水的某些区域不构成内水,其可根据规章指定该区域;如果部长不再如此认为,则其得以相同方式撤销对该区域的指定。

4. 部长依据上述第 3 款制定的每项规章,应在制定之后尽快提交国民大会,若被否决则不得适用。

第十二条　无害通过

1. 根据并遵照本条及国际法,外国船舶行使的国际法中的无害通过权是为以下目的的通过领海的航行权利:

(1)通过领海但不进入内水,或在内水之外的停泊处或港口设施处停泊。

(2)若通过是无害的,驶入或驶出内水或者在任何此类停泊处或港口设施处停泊。

(3)若通过是无害的,通过内水驶入或驶出以前未被视为领海的海域。

2. 外国船舶的通过:

(1)是无害的,只要其不妨碍伯利兹的和平、良好秩序或安全。

(2)如果该船舶在领海内从事任何被禁止的活动,则会被认为是有损于伯利兹的和平、良好秩序或安全。

3. 在行使无害通过权时,船舶应遵守:

(1)对领海或其任何部分有效的,为海上安全而被一般接受的国际规章、程序和实践。

(2)对领海或其任何部分有效的,有关以下事项的规章的条款,任何法令、命令或指令:

(a)航行安全以及海上交通管制,包括航道的使用和分道通航制度的操作;

(b)导航设备和设施以及其他设备或设施的保护;

(c)电缆和管道的保护;

(d)资源的养护;

(e)捕鱼和渔业;

(f)海洋环境的维护以及污染的预防、减少和控制;

(g)海洋科学研究和水文调查;

(h)有关海关、财政、移民或卫生的控制或禁止。

4. 若部长认为为保护伯利兹的安全(包括武装演习)而有必要,则他可以通过规章在规定期间暂停领海或规章中指定的领海的任何部分的无害通过权。

第十三条　从事禁止性行为

1. 在通过领海时,任何外国船舶未经有关当局许可,船长不得从事任何规定的行为。

2. 若外国船舶违反本条第 1 款从事任何规定的行为,则船长及船舶上参与该行为的任何人即以违法论处,并经简易程序判处 1 万美元的罚款,经公诉程序判处 5 万美元的罚款。

3. 对享有国家豁免或法律承认的其他豁免的人不得就其违反本条的行为提起诉讼。

第五部分　海图与地理坐标

第十四条　海域的海图

部长应敦促绘制其认为适当的海图和(或)地理坐标表,以标明以下全部或任何事项:

1. 伯利兹海域或其任何部分。

2. 领海基线。

3. 专属经济区的外部界限。

4. 航道或分道通航制。

第十五条　海图的证据

若一项文件声称是经部长或由部长专门指派的人证明为依据第十四条绘制的海图或地理坐标表的真实副本,则该文件应在所有法律程序中被接受为其所载事项的证据,但不妨碍援引证据进行反驳的权利。

第十六条　海图的公布

部长应敦促:

1. 将依据第十四条绘制的海图或地理坐标表妥为公布。

2. 将任何海图或地理坐标表的副本交存联合国秘书长处。

第六部分　法院管辖权和其他法律事务

第十七条　管辖权

1. 即使任何其他法律、规则或规章有相反规定,为以下的目的,伯利兹法院的管辖权和权利及于伯利兹的海域:

（1）本法或依据本法制定的任何规章；

（2）依据第二十三条适用于伯利兹的海域或其任何部分的任何法令。

2. 为行使依据本条第 1 款的任何管辖权和权力的目的,法院具有合法的管辖权：

（1）为任何刑事法律程序的目的,如果相关罪行发生在法院普通刑事管辖权范围内,法院将对有关罪行进行认定。

（2）为任何刑事程序之外的法律程序的目的,如果有关作为、不作为或其他引起法律程序的事项发生或出现在法院普通管辖权范围内,则法院将有合法的管辖权。

3. 在咨询司法部部长之后,部长得为本法的实施或执行制定规则。

4. 本条授予的管辖权和权利补充且不妨碍任何伯利兹法院可行使的管辖权或权利。

第十八条　逮捕违法者

1. 在本条的限制下,若授权的人有合理理由认为发生了违反第十条的违法行为,则他可行使以下所有或任何权力,即：

（1）在伯利兹海域内,停止、登临、检查和搜查任何船舶,或进入、检查和搜查他有合理理由认为正在用于违法行为或与违法行为有关的任何设施。

（2）不论是否有逮捕证,逮捕在本条第 1 款第（1）项提及的船舶或设施上或在伯利兹任何地方发现的,且他有合理理由认为实施了违反该条的行为的任何人。

（3）只要他有合理理由认为船舶的所有人或船长实施了违反该条的行为,他就可扣押本条第 1 款第（1）项提及的船舶。

（4）进入、检查和搜查其建造、管理、操作或使用构成违反该条行为的任何设施,并且不论是否有逮捕证,逮捕设施上或在伯利兹任何地方发现的,且他有合理理由认为实施了违法行为的任何人。

2. 在本条的限制下,若授权的人员有合理理由认为发生了违反第十三条的行为,则其可在领海内行使以下所有或任何权力,即：

（1）停止、登临、检查和搜查在违反该条的行为过程中从事了任何规定的活动的外国船舶。

（2）不论是否有逮捕证,逮捕船长。

（3）不论是否有逮捕证，逮捕其有合理理由认为实施了违反该条的行为的任何船上人员。

（4）扣押船舶。

3. 授权的人员得行使本条第 1 款和第 2 款授予的任何权力，并为此目的获得其认为必要的助手的协助。

4. 若依据本条第 1 款或第 2 款扣留船舶，则该船舶应交由政府保管，直到：

（1）作出不起诉与被扣留船舶有关的违法行为的决定。

（2）若决定起诉该违法行为，已对船舶实施本条第 6 款要求的担保。

5. 是否起诉与被扣留船舶有关的违法行为的决定应在合理期限内作出。

6. 为本条第 4 款的目的所要求的、与任何船舶有关的担保应具备某种形式和合理数量，并应由部长命令实施。

7. 本条第 1 款或第 2 款授予的权力不得对享有国家豁免或法律承认的其他豁免的人或船舶行使。

8. 本条规定的权力和权利补充且不减损伯利兹依据国际法或其他规定享有的任何其他权力和权利。

9. 在依据本条行使对外国船舶的执行权时，授权的人员不得危及航行安全或对船舶造成其他任何危害，或者将船舶带至不安全的港口或停泊处，或使海洋环境处于不合理的危险中。

10. 在本条中：

"授权的人"指为本条的目的，部长通过依据本条制定并在政府公报上公布的规章指派的人员或属于某一阶层或部门的人员。

"所有人"，对任何船舶而言，包括拥有船舶的任何组织，不论其是否为公司，以及任何船舶的承租人或次承租人。

第十九条　在领海中的外国船舶上进行逮捕

1. 在本条的限制下，若在外国船舶（属于商船或为商业目的使用的政府船舶）通过领海期间在该船舶上发生了犯罪，可对通过期间在船舶上发生的犯罪行为行使规定的权力，只要：

（1）罪行的后果及于伯利兹。

（2）罪行属于扰乱伯利兹的和平和领海的良好秩序。

（3）经外国船舶船长或相关外国的外交代表或领事官员请求政府或任何

公职人员的协助。

(4)为取缔违法贩运麻醉药品、精神药品或武器所必要。

2. 无论如何,本条第 1 款中的限制不适用于驶离内水后通过领海的外国船舶。

3. 在本条的限制下,若驶离伯利兹之外港口的外国船舶正在通过领海而不进入内水,则可在该通过期间对任何船舶进入领海之前发生的在船舶上的犯罪行使规定的权力,只要:

(1)有理由认为船舶在专属经济区内违反了:

(a)为预防、减少和控制来自船舶的污染而应适用的国际规则和标准。

(b)符合这种国际规则和标准并使其有效的规章和命令的任何规定。

(2)有:

(a)明显理由相信违规行为导致了大量排放,对海洋环境污染造成重大污染或有造成重大污染的威胁。

(b)明显理由相信违规行为导致了排放,对伯利兹海岸或堤礁,或对伯利兹领海或专属经济区的资源造成较大损害或有较大损害的威胁。

4. 本条的任何规定不妨碍依据第十八条行使的任何权力。

5. 在本条第 1 款或第 3 款提及的情形下,决定行使或行使规定的权力应适当顾及航行利益。

6. 本条第 8 款第(1)项规定的权力不得对船舶行使,除非为了确定是否发生了属于第 3 款第(1)项提及的违法行为,依法要求船舶提供有关其身份和登记地的信息、其停泊的上一港口和下一港口以及其他相关信息,而该船舶拒绝提供。

7. 只要对伯利兹有效的适当法律程序已由有关国际组织或以其他商定的方式设立,而船舶已确定遵守了对登陆或其他适当财政安全的要求,则本条第 8 款第(1)项规定的权力不得对船舶行使。

8. 为本条的目的,“规定的权力”指逮捕任何人或对任何被指控的犯罪进行调查的合法权力,以及:

(1)为本条第 3 款第(1)项(a)的目的,包括对与本条第 3 款第(1)项提及的违规行为有关的船舶进行实地检查。

(2)为本条第 3 款第(2)项(a)的目的,包括扣押船舶的权力。

第二十条　部长的证明

若在任何刑事程序中,对某一作为或不作为是否发生在内水、领海或专属经济区存有疑问,一份声称由部长签署并陈述了该作为或不作为发生或未发生的证明书应作为该事实的证据被接受,但不妨碍援引证据反驳的权利。

第二十一条　民事管辖权

1. 发生在内水、领海或专属经济区涉及以下事项的作为或不作为,或由该作为或不作为引起的任何民事争议或纠纷,得由具有合法管辖权的法院处理,包括:

（1）资源的勘探或开发;

（2）任何研究活动的实施;

（3）任何人工岛屿、设施或结构的建造、构筑、操作或使用;

（4）电缆和管道的铺设;

（5）利用海水、海流或风力生产能。

2. 本条第 1 款不影响任何人签订的将争端提交伯利兹之外任何仲裁者的协议的有效性。

3. 本条授予的管辖权补充且不妨碍应由伯利兹法院行使的任何其他管辖权。

第二十二条　与领海内外国船舶有关的民事管辖权

1. 不得仅为对通过领海的外国船舶上某人行使民事管辖权的目的而停止其航行或令其改变航向。

2. 在本条第 3 款的限制下,任何人不得为任何民事诉讼的目的而对通过领海的外国船舶进行逮捕或征收执行费,除非该诉讼与该船舶本身在通过领海的过程中或为此种航行的目的而承担的义务或发生的债务有关。

3. 在本条第 2 款的限制下,禁止对船舶进行逮捕或征收执行费的规定不适用于在领海内停留或离开内水后通过领海的船舶。

第二十三条　海域的法律适用

1. 部长可以通过依据第二十四条制定的规章,将任何法令适用于伯利兹的海域或其任何部分,该法令的适用受制于:

（1）限制条件（如果有）;

（2）为便于该法令适用或执行所作的修改。

只要规章中有规定,该法令就应适用。

2. 本条第 1 款规定的权力,包括为行使第九条规定的任何权利或管辖权而将法令适用于任何人工岛屿、设施或结构的权利。

第七部分　其他规定

第二十四条　规章

1. 部长得为本法的执行或生效制定规章。

2. 在不妨害前述规定的一般意义的情况下,为实现以下全部或任何目的,可以制定与领海有关的规章,即:

(1)管理领海中进行的科学研究和水文调查。

(2)采取措施保护和维护领海的海洋环境。

(3)为第九条的目的,管理领海中的人工岛屿(不论是永久性还是临时性的)以及其他设施和结构的建造、操作和使用,包括在这些岛屿、设施和结构周围设立安全区。

(4)管理为利用海水、海流和风力生产能或任何其他经济目的,对领海的勘探和开发。

(5)为全面实现伯利兹领海主权之必要或便利,规定其他相关事项。

(6)为全面实现第二、第三、第四部分规定之考量或便利,规定其他相关事项。

3. 在不妨碍本条第 1 款规定的一般意义的情况下,为实现以下所有或任何目的,可以制定与专属经济区有关的规章,即:

(1)管理在专属经济区中进行的科学研究和水文调查。

(2)为保护和维护专属经济区的海洋环境而采取措施。

(3)为第九条的目的,管理领海中人工岛屿(不论是永久性还是临时性的)以及其他设施和结构的构筑、操作和使用,包括在这些岛屿、设施和结构周围设立不超过 500 米距离的安全区。

(4)管理为经济目的对专属经济区进行的勘探和开发。

(5)管理为利用海水、海流和风力生产能或任何其他经济目的而对领海进行的勘探和开发。

（6）为全面实现伯利兹有关专属经济区的主权权利和管辖权之必要或便利，规定其他相关事项。

（7）规定为第二、第三、第四部分全面生效所涵盖或提供便利的其他相关事项。

4. 就伯利兹海域之外的船舶违反相关国际组织或一般外交会议制定的、可适用的国际规则和标准所进行的任何与排放有关的调查和诉讼制度，可制定规章。

5. 规章可规定凡违反任何规章即以犯罪论处，并对任何此类犯罪处以罚款（不超过 2 万美元）。

6. 行使本条制定规章的权力可以：

（1）对该权力所涉及的任何情况，或受特别限制的那些情况，或任何特定情况或某种类型或类别的情况作出规定。

（2）对权力行使涉及的所有情况，作出：

（a）适用于所有情况的统一规定，或适用于不同情况或不同类型或类别的情况的不同规定，或为本法不同目的适用于相同情况或相同类型或类别的情况的不同规定。

（b）无条件限制或受任何特定条件限制的任何此类规定。

7. 任何依据本条制定的规章应在制定之后尽快提交国民大会，若被否决则不得适用。

第二十五条 本法的适用不考虑其他法律的规定

即使任何其他法律、规则或规章有相反规定，本法规定仍然有效。

附 件

（第三条和第四条）

安伯格里斯岛（Ambergris Caye）的东南部与萨尔斯通河（Sarstoon River）之间的地形

安伯格里斯岛 – 东南

毛格尔岛（Mauger Caye）

桑德博尔岛（Sandbore Caye）

半月岛(Half – Moon Caye)东北岛(North – East Caye)

西尔克群岛(Silk Cayes)

布莱克礁(Black Rock)

尼古拉斯岛(Nicholas Caye)

亨廷岛(Hunting Caye)

拉吉德岛(Ragged Caye)

东斯内克岛(East Snake Caye)

南斯内克岛(South Snake Caye)

莫霍岛(Moho Caye)

斯图尔特岛(Stuart Caye)

格兰德河(Rio Grande) – 南入口

奥兰治角(Orange Point)

马瑟角(Mother Point)

萨尔斯通河

中　　国

China

中华人民共和国领海及毗连区法*

（1992 年 2 月 25 日）

中华人民共和国领海及毗连区法于 1992 年 2 月 25 日经第七届全国人民代表大会常务委员会第二十四次会议通过。

第一条

为行使中华人民共和国对领海的主权和对毗连区的管制权，维护国家安全和海洋权益，制定本法。

第二条

中华人民共和国领海为邻接中华人民共和国陆地领土和内水的一带海域。

中华人民共和国的陆地领土包括中华人民共和国大陆及其沿海岛屿、台湾及其包括钓鱼岛在内的附属各岛、澎湖列岛、东沙群岛、西沙群岛、中沙群岛、南沙群岛以及其他一切属于中华人民共和国的岛屿。

中华人民共和国领海基线向陆地一侧的水域为中华人民共和国的内水。

第三条

中华人民共和国领海的宽度从领海基线量起为 12 海里。

---

*《国际事务》FBIS – CHI – 92 – 040，1992 年 2 月 28 日。

中华人民共和国领海基线采用直线基线法划定,由各相邻基点之间的直线连线组成。

中华人民共和国领海的外部界限为一条其每一点与领海基线的最近点距离等于 12 海里的线。

第四条

中华人民共和国毗连区为领海以外邻接领海的一带海域。毗连区的宽度为 12 海里。

中华人民共和国毗连区的外部界限为一条其每一点与领海基线的最近点距离等于 24 海里的线。

第五条

中华人民共和国对领海的主权及于领海上空、领海的海床及底土。

第六条

外国非军用船舶,享有依法无害通过中华人民共和国领海的权利。

外国军用船舶进入中华人民共和国领海,须经中华人民共和国政府批准。

第七条

外国潜水艇和其他潜水器通过中华人民共和国领海,必须在海面航行,并展示其旗帜。

第八条

外国船舶通过中华人民共和国领海,必须遵守中华人民共和国法律、法规,不得损害中华人民共和国的和平、安全和良好秩序。

外国核动力船舶和载运核物质、有毒物质或者其他危险物质的船舶通过中华人民共和国领海,必须持有有关证书,并采取特别预防措施。

中华人民共和国政府有权采取一切必要措施,以防止和制止对领海的非无害通过。

外国船舶违反中华人民共和国法律、法规的,由中华人民共和国有关机关依法处理。

第九条

为维护航行安全和其他特殊需要,中华人民共和国政府可以要求通过中华人民共和国领海的外国船舶使用指定的航道或者依照规定的分道通航制航行,具体办法由中华人民共和国政府或者其有关主管部门公布。

第十条

外国军用船舶或者用于非商业目的的外国政府船舶在通过中华人民共和国领海时,违反中华人民共和国法律、法规的,中华人民共和国有关主管机关有权令其立即离开领海,对所造成的损失或者损害,船旗国应当负国际责任。

第十一条

任何国际组织、外国的组织或者个人,在中华人民共和国领海内进行科学研究、海洋作业等活动,须经中华人民共和国政府或者其有关主管部门批准,遵守中华人民共和国法律、法规。

违反前款规定,非法进入中华人民共和国领海进行科学研究、海洋作业等活动的,由中华人民共和国有关机关依法处理。

第十二条

外国航空器只有根据该国政府与中华人民共和国政府签订的协定、协议,或者经中华人民共和国政府或者其授权的机关批准或者接受,方可进入中华人民共和国领海上空。

第十三条

中华人民共和国有权在毗连区内,为防止和惩处在其陆地领土、内水或者领海内违反有关安全、海关、财政、卫生或者入境出境管理的法律、法规的行为行使管制权。

第十四条

中华人民共和国有关主管机关有充分理由认为外国船舶违反中华人民共和国法律、法规时,可以对该外国船舶行使紧追权。

追逐须在外国船舶或者其小艇之一或者以被追逐的船舶为母船进行活动的其他船艇在中华人民共和国的内水、领海或者毗连区内时开始。

如果外国船舶是在中华人民共和国毗连区内,追逐只有在本法第十三条所列有关法律、法规规定的权利受到侵犯时方可进行。

追逐只要没有中断,可以在中华人民共和国领海或者毗连区外继续进行。在被追逐的船舶进入其本国领海或者第三国领海时,追逐终止。

本条规定的紧追权由中华人民共和国军用船舶、军用航空器或者中华人民共和国政府授权的执行政府公务的船舶、航空器行使。

第十五条

中华人民共和国领海基线由中华人民共和国政府公布。

第十六条

中华人民共和国政府依据本法制定有关规定。

第十七条

本法自公布之日起施行。

埃　及
Egypt

海域基线——阿拉伯埃及共和国
常驻联合国代表向联合国秘书长发出的普通照会
（1990 年 5 月 2 日）

　　阿拉伯埃及共和国常驻联合国代表向联合国秘书长致以崇高的敬意,并荣幸地通知他:埃及共和国在批准《联合国海洋法公约》之际交存了一份根据该公约第三条规定确定 12 海里领海宽度的声明。在该声明中,阿拉伯埃及共和国承诺出版海图,并根据惯例显示测量地中海和红海领海宽度的基线以及领海的外部界线。

　　与此相关的是,阿拉伯埃及共和国常驻联合国代表高兴地向阁下送上 H. E. Dr. Ahmed Esmat Abdel – Meguid 副总理兼外交部部长签字的信函。该信附有埃及总统穆罕默德·侯赛因·穆巴拉克于 1990 年 1 月 9 日签署的第 2790 号法令,涉及测算阿拉伯埃及共和国海域的基线,并附有标明大地测量数据点的地理坐标表。该表标明了测算受阿拉伯埃及共和国主权和管辖权支配的海洋区域的直线基线。该海洋区域包括总统法令附件一中标明的在地中海的领海以及总统法令附件二中标明的在红海的领海。

　　此外,阿拉伯埃及共和国常驻代表谨以报告,埃及已经公布了所附的总统法令,并且该法令已在埃及生效。

阿拉伯埃及共和国常驻代表谨根据《联合国海洋法公约》第十六条向联合国秘书长交存附录的总统法令。

1990 年 5 月 2 日

阿拉伯埃及共和国副总理兼外交部部长给秘书长的信
（1990 年 5 月 2 日）

先生：

由于阿拉伯埃及共和国迫切希望履行 1982 年签署、1983 年批准的《联合国海洋法公约》的国际义务，并且根据该公约第二部分第十六条的要求，沿海国应将领海海图或地理坐标表妥为公布，并应将上述海图和坐标表的副本交存于联合国秘书长，我荣幸地向您转交一份埃及总统 1990 年 1 月 9 日颁布的（1990 年）第 27 号法令，涉及测算埃及海域的基线，并附有标明所有大地测量数据点（墨卡托设计）的地理坐标表。它标明了测算受阿拉伯埃及共和国主权和管辖权支配的海洋区域（包括其领海）的直线基线：

1. 在地中海，依照总统法令附件一。
2. 在红海，依照总统法令附件二。

我还高兴地通知您，埃及已经公布了总统法令及其附件，并且该法令已经生效。

Ahmed Esmat ABDEL MEGUID（签字）

副总理兼外交部部长

1990 年 1 月 9 日关于阿拉伯埃及共和国海洋区域基线的阿拉伯埃及共和国总统第 27 号（1990）法令

第一条

阿拉伯埃及共和国主权和管辖之下的海洋区域包括其领海，领海宽度应从连接第二条规定的各坐标点形成的直线基线量起。

第二条

根据测量数据（墨卡托投影制图法），第一条所指的坐标点为：

（1）在地中海,根据构成本法令不可分割一部分的附件一的规定;

（2）在红海,根据构成本法令不可分割一部分的附件二的规定。

第三条

本法令第二条提及的坐标点清单将根据惯常规则予以公布,并通报联合国秘书长。

第四条

本法令将公布在官方公报上。

附件一　地中海

序号	北纬	东经
1	31°40′30″	25°08′56″
2	31°34′24″	25°10′48″
3	31°30′56″	25°14′30″
4	31°30′12″	25°19′55″
5	31°38′00″	25°53′24″
6	31°36′18″	26°14′24″
7	31°31′18″	26°38′30″
8	31°27′12″	26°59′06″
9	31°24′30″	27°03′48″
10	31°22′12″	27°21′00″
11	31°12′36″	27°28′30″
12	31°12′00″	27°38′00″
13	31°14′48″	27°51′36″
14	31°06′12″	27°55′00″
15	31°05′30″	28°25′48″
16	31°03′18″	28°35′24″
17	30°58′30″	28°49′56″
18	30°54′54″	28°54′52″

续表

序号	北纬	东经
19	30°50′36″	29°00′00″
20	30°59′54″	29°23′48″
21	31°01′48″	29°31′00″
22	31°08′54″	29°47′18″
23	31°12′00″	29°51′42″
24	31°12′36″	29°52′30″
25	31°19′12″	30°02′54″
26	31°21′42″	30°06′24″
27	31°30′18″	30°21′18″
28	31°30′00″	30°22′42″
29	31°27′18″	30°28′18″
30	31°36′00″	31°01′42″
31	31°36′00″	31°07′00″
32	31°35′12″	31°11′24″
33	31°33′42″	31°16′12″
34	31°26′42″	31°36′00″
35	31°29′30″	31°45′18″
36	31°32′06″	31°52′00″
37	31°32′06″	31°54′12″
38	31°30′18″	31°57′24″
39	31°20′42″	32°06′42″
40	31°18′12″	32°20′30″
41	31°03′54″	32°34′12″
42	31°08′56″	32°55′36″
43	31°13′12″	33°04′00″
44	31°13′48″	33°06′12″
45	31°14′12″	33°08′42″
46	31°13′36″	33°13′18″
47	31°12′00″	33°20′30″
48	31°11′06″	33°23′54″
49	31°07′06″	33°32′00″
50	31°07′42″	33°43′24″

续表

序号	北纬	东经
51	31°11′54″	33°58′18″
52	31°14′36″	34°05′18″
53	31°19′24″	34°13′06″

附件二 红 海

序号	北纬	东经
1	29°29′36″	34°54′18″
2	29°29′00″	34°52′12″
3	29°26′12″	34°50′48″
4	29°25′26″	34°49′48″
5	29°22′36″	34°48′12″
6	29°22′00″	34°47′18″
7	29°20′30″	34°46′36″
8	29°18′18″	34°44′24″
9	29°13′24″	34°44′30″
10	29°11′48″	34°44′00″
11	29°10′24″	34°42′48″
12	29°09′36″	34°41′30″
13	29°02′12″	34°40′12″
14	29°00′42″	34°41′03″
15	28°59′18″	34°41′10″
16	28°58′30″	34°40′48″
17	28°58′10″	34°38′56″
18	28°56′42″	34°38′56″
19	28°55′54″	34°38′42″
20	28°51′42″	34°38′48″
21	28°50′48″	34°37′42″
22	28°44′03″	34°37′36″
23	28°38′24″	34°34′48″
24	28°32′28″	34°31′03″

序号	北纬	东经
25	28°30′00″	34°31′24″
26	28°28′24″	34°30′30″
27	28°26′20″	34°27′48″
28	28°22′54″	34°27′18″
29	28°16′24″	34°24′36″
30	28°10′00″	34°27′30″
31	28°03′24″	34°26′56″
32	27°58′48″	34°26′12″
33	27°43′12″	34°15′36″
34	27°27′12″	34°02′18″
35	27°11′24″	33°59′24″
36	26°51′06″	34°00′18″
37	26°45′42″	34°04′54″
38	26°42′42″	34°06′36″
39	26°06′36″	34°17′24″
40	25°42′30″	34°35′24″
41	25°29′42″	34°41′00″
42	25°20′48″	34°51′54″
43	24°47′18″	35°11′00″
44	24°38′18″	35°11′36″
45	24°26′00″	35°22′48″
46	24°15′18″	35°39′00″
47	24°09′42″	35°43′00″
48	23°54′12″	35°47′36″
49	23°33′48″	36°20′36″
50	22°53′12″	36°20′06″
51	22°36′30″	36°35′12″
52	22°20′18″	36°39′24″
53	22°16′12″	36°48′54″
54	22°03′48″	36°53′54″
55	22°01′30″	36°53′48″
56	22°00′00″	36°52′54″

法　　国
France

··

关于海洋文化遗产和修订
1941 年 9 月 27 日《考古发掘管理法案》的法案
（1989 年 12 月 1 日第 89 - 874 号法案）

第一条

海洋文化遗产包括沉淀物、残骸、文物，或者概括地说，包括一切在海洋公共领域或者毗连区海床上的古老的、考古学的、历史学的遗产。

第一部分　位于海洋公共领域的海洋文化遗产

第二条

位于海洋公共领域无法确定归属人的文化遗产属于国家财产。文化遗产自公开之日起 3 年内未确定归属人的，属于国家财产。文化遗产的公开方式由国会立法确定。

第三条

任何人发现海洋文化遗产，禁止移动或损坏。

发现者应在发现或到达第一现场 48 小时内通报行政机关。

第四条

任何人因工作或其他公共或个人活动意外地移动了位于海洋公共空间内的海洋文化遗产的,该人必须将海洋文化遗产置于自己的控制范围内,并在第三条规定的时限内通报行政机关;并应在该时限内向该行政机关进行登记,或交由其处置。

第五条

如果一件文化遗产被通报多次,发现它的功劳属于第一位通报者。

第六条

发现并通报第二条规定的属于国家所有的文化遗产的人将获得特定种类或一定数额的奖励,奖励由行政机关作出。

第七条

未经行政机关授权,禁止使用特定设备勘探海洋文化遗产的位置,禁止进行开采、开凿活动,授权应依据申请者的资质以及研究的性质作出。移动遗产或其样本也必须经过相同程序的授权。

行政机关也可以授权个人出于研究以外的目的移动遗产或其样本。

第八条

挖掘、开凿、勘探、移动遗产或样本必须在申请并获得第七条规定的被授权人的有效指导下进行。

第九条

一旦发现海洋文化遗产的所有权人,在对该遗产采取任何行为以前都必须获得其书面同意。

第十条

一旦海洋文化遗产遭受威胁,文化部长可在必要情况下,在通知所有者后依职权采取保护措施。

第十一条

文化部长可在给予所有者一次呈递其意见的机会后,声明位于海洋公共区域的海洋文化遗产属于公共财产。如果所有权人不同意,将由国会立法作出声明。

转移占有由普通法庭依据占有补偿权作出。该补偿应包括直接的、物质的以及其他损害的全部数额。如不能达成协议,补偿数额由法院判决。

第二部分　毗连区的海洋文化遗产

第十二条

根据与邻国的划界协议,本法案第三、四、五、七、八、九条适用于距领海基线 12 至 24 海里的毗连区内的海洋文化遗产。

第十三条

发现并通报属于国家所有的位于毗连区内的文化遗产者将获得特定种类或一定数额的奖励,奖励由行政机关作出。

第三部分　刑　事　法　规

第十四条

违反本法案第三条第二款和第四条通报义务者将被处以 500 ~ 15 000 法郎的罚款。

向公共机关谎报标的物的位置和成分将受到相同处罚。

第十五条

违反本法案第三条第一段、第七条、第八条对海洋文化遗产或其样本进行勘探、开凿、取样、挖掘或者移动的,将被处以 1 000 ~ 50 000 法郎的罚款。

第十六条

在明知的情况下买卖违反本法案第三、第四、第七、第八条取得的公共区域或者毗连区海床的海洋文化遗产将被处以一个月至两年的监禁并处 500 ~ 30 000 法郎的罚款,或者二者选处其一。罚款数额可升至遗产销售所得的两倍。司法机关可追加处罚,要求被告人出资通过媒体公布处罚,费用最高不得超过罚款额。

第十七条

违反本法案的行为由犯罪调查局的官员和警察、犯罪调查局的代理警察、海事行政人员、海事技术和行政人员、海关人员、依据国会立法任职的部长的代理人、国家海军的军官和士官、海事调查员、渔业设施调查技师、海岸信号员、海洋登记人员代表以及港口的官员和代理官员负责查明。

第十八条

本法案第十七条指定的通报机关的通报将被认为是准确的,除非有证据证明并非如此。报告应送达国家检察官。

第十九条

有关在领海和毗连区违反本法案的犯罪案件应当由行为发生地的法院或者行为人所在地的法院或者行为人被逮捕地的法院管辖,如果上述法院均不行使管辖权,则应提交巴黎高等法院审理。

第四部分　1941 年 9 月 27 日考古发掘管理法案的修订

第二十条

上述 1941 年 9 月 27 日法案第十九条修改如下:

"第十九条 违反第十四条报告义务或谎报的处罚款 500～15 000 法郎。"

第二十一条

上述 1941 年 9 月 27 日法案第二十条修改如下:

"第二十条 违反本法案第一、第三、第六、第十五条进行挖掘的,处罚款 1 000～50 000 法郎。"

第二十二条

上述 1941 年 9 月 27 日法案第二十一条修改如下:

"第二十一条 在明知的情况下违反第一、第六、第十五条的规定买卖已发现的遗产,或违反第三、第十四条的规定买卖隐匿遗产的,处监禁一个月至两年,并处罚款 500～30 000 法郎,或二者选处其一。罚款数额可至遗产销售所得的两倍。

司法机关有权通过媒体公开处罚决定,费用由被处罚人承担,但不得超过罚款额。"

第五部分　其 他 规 定

第二十三条

本法案除第四部分外,适用于马约特岛领土。

第二十四条

本法案的执行办法由国会立法确定。本法案作为国家法律执行。

以 色 列
Israel

领水法(修正案)*
(1990 年 2 月 5 日第 5750 – 1990 号)

第一条 对第一条的替换

第 5717 – 1956 号法律《领水法》(以下称《基本法》)第一条应由如下条款代替:

"第一条 '领水'的定义

1. 第 5741 – 1981 号法律《解释法》的第三条中,'领水'的定义里'6 英里'应替换为'12 海里'。

2. 不论第 5741 – 1981 号法律《解释法》的第一条的规定如何,依据第 1 款制定的'领海'的定义同样适用于上述法律生效前颁布的法律和行政指令。"

第二条 对第二条的修正

在《基本法》的第二条中,"超过 6 英里"应替换成"超过 12 海里",并且"6 英里"应替换为"12 海里"。

---

* 1990 年 2 月 14 日生效。

牙买加
Jamaica

名为《1991 年专属经济区法》的第 33 号法案*
（1991 年）

条 款 安 排

第一条　简称

第二条　解释

第三条　区域的建立

第四条　在区域内的权利和对区域的管辖权

第五条　他国在区域内的权利和义务

第六条　勘探并开发区域生物资源

第七条　勘探并开发区域非生物资源

第八条　勘探或开发区域生物或非生物资源的许可证的授予

第九条　区域的法律适用

第十条　法院和其他机关的管辖权及于专属经济区

第十一条　部长可以命令颁发或吊销许可证

＊《牙买加公报特刊》，第 14 卷，第 71 号，1991 年 12 月 31 日，星期二。

第十二条　受到没收令不利影响的人可以诉请法院撤销命令

第十三条　海洋官员的权力和职责

第十四条　在区域内拘留或扣押的后续程序

第十五条　外交或领事官员获悉船舶扣押

第十六条　关于销售收益和赔偿的规定

第十七条　对国王、海洋官员或其协助人员提起的诉讼

第十八条　区域内的犯罪

第十九条　其他可起诉的犯罪

第二十条　部长可以修改附件

第二十一条　规章

第二十二条　法律的修正

附表

附录

法 律 名 称

本法规定在领海外的专属经济区,并规定附属的或与此有关的事项。

由最尊敬的女王陛下,在咨询参议院和众议院并获其同意后,经参议院和众议院授权,颁布如下:

第一条　简称

本法可称为《1991 年专属经济区法》。

第二条　解释

在本法中:

"公约"指 1982 年 12 月 15 日在蒙特哥湾签署的《联合国海洋法公约》。

"鱼"指任何水生动物,不论其是否为鱼类,包括甲壳类动物、海龟、软体动物、龙虾、珊瑚、海绵、棘皮动物及其幼体和卵。

"生物资源"包括鱼和所有其他形式的水生生命。

"海洋官员"指关税和消费税部门雇用的任何官员、《野生动物保护法》认可的任何狩猎监督官、牙买加警察部门的任何成员或官员、牙买加国防部门的任何成员或官员、依据《渔业法》被指定为渔业检查员的任何公共官员,以及

部长指定为海洋官员的任何其他公共官员。

"附件法规"指：

1. 附表中规定的法规；

2. 依据上述法规制定的规章，包括管理被要求有许可证授权，且在当时与事件情况有关的活动的规定。

"船舶"包括任何小艇、驳船、浮式平台、甲板船、航空母舰、装有内侧或外侧引擎的船舶或任何海上航行船舶，不论是水上还是水下船只。

"区域"指依据第三条建立的专属经济区。

第三条　区域的建立

1. 建立领海之外且邻接领海的专属经济区。

2. 该区域以领海向海一侧的界限为内部界限，并在第 3 款的限制下，以一条其上各点与测量领海宽度的基线距离 200 海里的边界线为外部界限。

3. 若第 2 款提及的外部界限与任何与牙买加海岸相向或相邻的其他国家专属经济区的外部界限相交，为达到公平结果，牙买加与该国专属经济区之间的划界应通过以《国际法院规约》第三十八条提及的以国际法为基础的协定确定。

第四条　在区域内的权利和对区域的管辖权

国王在区域内有：

1. 与以下事项有关的主权权利：

（1）勘探、开发、养护和管理区域海床的上覆水域以及海床和底土的生物或非生物自然资源；

（2）为经济性勘探和开发区域的所有其他活动，包括利用海水、海流和风力生产能。

2. 与授权建造、操作、维护和使用人工岛屿和设施有关的专属权利和管辖权。

3. 与以下事项有关的管辖权：

（1）授权、管理和控制科学研究及发现考古和历史文物。

（2）保全和养护海洋环境以及预防和控制海洋污染。

4. 经公约或国际法承认的所有其他权利和管辖权。

第五条 他国在区域内的权利和义务

在本法的限制下,所有国家在区域内享有公约规定的关于航行与飞越的自由、铺设海底电缆和管道的自由以及与这些自由有关的海洋其他国际合法用途的国家权利和义务。

第六条 勘探并开发区域生物资源

1. 除依第十一条规定,获得相关附属法规授予的许可证,任何人不得在区域内勘探或开发任何生物资源。

2. 除依第十一条规定,获得相关附属法规授予的许可证,任何人不得使用任何船舶勘探或开发区域的任何生物资源。

3. 凡违反第 1 款或第 2 款即以犯罪论处,并应:

(1)经常驻治安法庭的简易程序判处最高 5 万美元的罚款。

(2)经巡回法院的公诉程序判处最高 25 万美元的罚款,并在再犯或累犯的情况下,判处最高 50 万美元的罚款,并且上述法院在此之外亦得命令没收用于犯罪的任何船舶、设备或其他设施。

第七条 勘探并开发区域非生物资源

1. 除依第十一条规定,获得相关附属法规授予的许可证,任何人不得在区域内进行以下活动:

(1)勘探或开发任何非生物资源。

(2)进行任何搜索、发掘或与发现考古学上的或历史文物有关的任何活动。

(3)进行任何研究。

(4)从事任何经济活动。

2. 任何人不得使用任何船舶对区域的任何非生物资源进行勘探或开发,除非在第十一条的限制下,该船舶有依据相关附属规定的法规授予的许可证。

3. 凡违反第 1 款即以犯罪论处,并应经巡回法院公诉程序判决:

(1)对个人:

(a)处以最高 25 万美元的罚款或最高 5 年的监禁,或两者并处;

(b)若是再犯或累犯,则处以最高 50 万美元的罚款或最高 10 年的监禁,或两者并处,并且若是持续犯,在犯罪持续至判决后的每天,进一步处以一天 5 万美元的罚款。

(2)对组织:

(a)处以最高 50 万美元的罚款。

（b）若是再犯或累犯,处以最高 100 万美元的罚款,若是持续犯,在犯罪持续至判决后的每天,进一步处以一天 5 万美元的罚款,并且法院在此之外亦得命令没收用于犯罪的任何船舶、设备或其他设施。

4. 凡违反第 2 款即以犯罪论处,并应:

（1）经常驻地方法院简易程序判决:

（a）对个人处以最高 5 万美元的罚款或最高 3 年的监禁,或两者并处。

（b）对组织机构处以最高 7.5 万美元的罚款,并且上述法院在此之外亦得命令没收船舶。

（2）经巡回法院公诉审判程序:

（a）对个人处以最高 25 万美元的罚款或不超过 5 年的监禁,或两者并处,并且亦得命令没收船舶。

（b）对组织机构处以最高 50 万美元的罚款,并且亦得命令没收船舶。

第八条　勘探或开发区域生物或非生物资源的许可证的授予

1. 在第十一条的限制下,勘探或开发区域生物或非生物资源的许可证应根据相关附属法规中有关许可证授予的规定发出,并且为此目的,任何个人或组织在附属法规下享有的管辖权应同样及于区域,并以下列方式行使:

（1）将专属经济区视为牙买加领海的组成部分;

（2）任何提及"牙买加""该岛"或"牙买加任何地方"之处均包括区域内建造的任何人工岛屿、设施或结构（但为区域划界目的的除外）。

2. 本法规定的对无证勘探或开发区域任何生物或非生物资源的惩罚措施应替代附属法规中任何相应的惩罚措施。

3. 尽管附属法规有规定,依据本法制定的规章规定的为申请勘探或开发区域任何生物或非生物资源的许可证所需费用应替代那些法规中任何相应费用。

第九条　区域的法律适用

1. 部长可以通过在政府公报上发布命令,对任何法令作出例外规定和修改,并扩大适用于专属经济区或其任何部分。被扩大适用的法令对专属经济区有效,等同于其由本法实施。

2. 依据第 1 款发布的命令若被否决则不得适用。

第十条　法院和其他机关的管辖权及于专属经济区

为执行本法的目的,牙买加法院及其官员以及任何警察或经授权履行警察职责的其他人的管辖权和权力应同样及于专属经济区,如同专属经济区构成牙买加领海的组成部分。

第十一条 部长可以命令颁发或吊销许可证

1. 部长若认为合适,可以通过在政府公报上公布命令,规定适用于专属经济区或在该区域内适用的任何许可证:

(1)未经其同意不得颁发。

(2)只有在命令规定的情形和条件下才可以颁发或吊销。

2. 依据第 1 款发布的命令应委派一个咨询委员会就涉及区域的许可证问题向部长提出建议。

第十二条 受到没收令不利影响的人可以诉请法院撤销命令

1. 依据第六条第 3 款或第七条第 3 款或第 4 款规定,法院命令没收船舶,而受到该命令不利影响的本人可以诉请法院撤销该命令。如其诉请正当,法院应适用适当的条款及条件(如有的话)撤销该命令。

2. 依据第 1 款的申请应在命令作出的 3 个月之内提出,但若申请人向法院证实,在案件的特殊情况下,要其在 3 个月期限内提出该项申请是不合理、不可行的,则申请期限(不论是否已届满)可延长至法院认为合理的时间。

第十三条 海洋官员的权力和职责

1. 在区域内,海洋官员有权:

(1)登临其有合理理由怀疑从事了勘探或开发生物或非生物资源的任何船舶,并搜查该船舶、渔获、渔具或船上任何其他设备;

(2)要求船长或该船舶负责人出示其许可证;

(3)要求船长或该船舶负责人出示船舶的许可证;

(4)要求船长或该船舶负责人对船舶或船上任何人的行为作出解释;

(5)执行本法或依据本法制定的规章所要求或授权的行动。

2. 在区域内,不论是否有授权,海洋官员可以:

(1)扣押任何人用于实施违反本法的犯罪行为的任何船舶、渔网、工具、渔具或其他设备。

(2)若其合理怀疑发生的违反本法的犯罪行为涉及的任何船舶:

(a)扣押船上的任何货物。

(b)拘留船长或船舶负责人。

3. 若依据第 2 款扣押了船舶、渔网、工具、渔具或其他设备,或拘留了某人,海洋官员应尽快采取合理措施,确保将该船舶、渔网、工具、渔具或其他设备带至最近的方便的港口,且将被拘留的人送交常驻治安法官,以便对与引起扣押或拘留的犯罪行为有关的指控作出答辩。

4. 海洋官员应采取合理步骤,确保任何被扣押的货物保持良好状态,但如果认为必要,可处置该货物以避免其腐坏。

5. 若海洋官员扣押的货物在扣押时已腐坏,海洋官员应尽快处置腐坏的货物。

6. 海洋官员若依据第 4 款或第 5 款处置货物,应向船长或船舶负责人提供收据,收据应载明处理的日期,被处理货物的数量、状态以及销售额。

7. 在履行作为海洋官员的职责时,海洋官员应具有、行使和享有《警察法》授予警察的所有权力、权威、特权和豁免。

第十四条 在区域内拘留或扣押的后续程序

1. 依据第十三条第 2 款规定,船舶被扣押或行为人被拘留的:

(1)对于不在牙买加登记的船舶或非牙买加公民,常驻治安法官应待指控听证确定为释放船舶或人员所应缴纳的保证金数额(以债券或其他方式缴纳)之后,且在此保证金缴纳后立即释放船舶或人员;

(2)对于在牙买加登记的船舶或牙买加公民,法院应待指控听证确定是否释放船舶或人员之后,且如果决定释放,确定为释放应缴纳的保证金数额。

2. 若依据第十三条第 2 款,船舶、渔网、工具、渔具或其他设备,或任何货物被扣押,则:

(1)在扣押 30 天内无人对被扣押物主张权利,常驻治安法官可命令没收被扣押物。

(2)依据对准许使用或负责任何上述物品的任何人的定罪判决,在下列情形下,法院可根据起诉申请命令没收任何上述物品:

(a)该物品被用于实施犯罪行为或与犯罪行为有关;

(b)对于案件情况,命令没收是正当的。

3. 依据第十三条第 3 款,被送交常驻治安法官进行答辩且被宣判无罪的人,享有以下权利:

(1)返还与指称的犯罪行为有关且依据本条第 2 款未被没收的任何被扣

押物。

(2)如果该人所有的任何货物在其被拘留期间已被依据第十三条第 4 款处理,则常驻治安法官可命令给予该人其认为适当的赔偿。

第十五条　外交或领事官员获悉船舶扣押

1. 未在牙买加登记的任何船舶在区域内被海洋官员扣押,该海洋官员应将扣押船舶的事实通知适当机关,并且该机关应确保船舶登记国的外交或领事官员获悉扣押的事实,如果对该船舶及其船员施加惩罚措施,还应通知此项事实。

2. 在第 1 款中的"适当机关"指负责外交事务的部长或其指定的其他人。

第十六条　关于销售收益和赔偿的规定

依据第十三条第 4 款或第 5 款处理任何货物的销售收益应交付法院存入国库,并且如果依据第十四条第 3 款第(1)项,与此有关的赔偿是可支付的,则应由总会计完成支付。

第十七条　对国王、海洋官员或其协助人员提起的诉讼

对国王、海洋官员或其协助人员依据、执行或意图执行本法或规章的任何行为提起的任何诉讼或其他法律程序中,原告不得主张赔偿,除非其在诉讼请求中宣称并在审判中证明该行为是恶意的或缺乏合理或适当的理由。

第十八条　区域内的犯罪

1. 有下列行为之一的,即以犯罪论处,并应经常驻地方法官以简易程序判处最高 2 000 美元的罚款或最高 12 个月的监禁,或两者并处:

(1)拒绝、无视或不遵守海洋官员为本法目的对其发出的任何指令;

(2)在第 2 款的限制下,拒绝出示或未出示海洋官员要求其出示的任何许可证;

(3)没有合理理由拒绝海洋官员要求其为本法目的作出的任何解释;

(4)攻击或妨碍执行公务的任何海洋官员;

(5)没有海洋官员的授权而移动、改变或损毁根据第十三条扣押的任何物品。

2. 若依据第 1 款第(2)项,某人未能向海洋官员出示其要求的许可证,但以其他方式向海洋官员证实了其姓名、地址和身份,海洋官员如认为此人可信,可允许此人于此后 5 天内在指定地点亲自出示该许可证;并且,如果依此出示了许可证,此人不应被判有该款下的犯罪。

第十九条　其他可起诉的犯罪

1. 某一行为:

(1)在区域内由某人所为,不论此人是否为牙买加公民。

(2)符合这样的描述:如果发生在牙买加范围内,经公诉审判程序判决为可惩罚的,即为在牙买加经公诉审判程序判决为可惩罚的犯罪,不论其是在国籍或登记地为非牙买加的船舶上实施的还是利用该船舶实施的,并且可逮捕被合理怀疑犯有此罪的人,并对此人提起与该犯罪有关的控诉,并审判或以其他方式处理此人。

2. 为本条的目的,《危险药品法》规定的所有犯罪,不论其为否为已决犯罪,都应视为经公诉审判程序判决为可惩罚的犯罪。

3. 为逮捕被指控犯有依第 1 款宣称为在牙买加可惩罚的犯罪的任何人的目的,区域应被认为处于依当时有效的牙买加法律有权逮捕违法人员或对被指控犯有任何罪行的任何人发出逮捕令的任何人的管辖权下。

4. 本条规定不得:

(1)限制或妨碍女王陛下的牙买加政府,或为了或代表女王陛下的牙买加政府,或以其名义或为其服务,行使符合国际法的所有权力或权威。

(2)废除或限制当时有效的任何牙买加法律的任何规定授予任何法院的任何刑事管辖权。

(3)依据当时有效的任何牙买加法律,使任何走私行为免于审判或以其他类似方式被处理。

5. 除非由公诉检察长提出或征得其同意,否则不得对依据第 1 款可惩罚的犯罪提起公诉,但本款不妨碍对与此类罪行有关的任何人执行逮捕或发布逮捕令,或对被指称犯有此类罪行的任何人执行羁押候审或取保候审。

6. 尽管任何其他法规有任何相反规定,但就第 1 款宣称在牙买加可惩罚的犯罪对任何人提起的法律诉讼,可由该人当时所在地方行政区具有司法管辖权的常驻地方法官提出,并且为了所有当时和以后的目的,犯罪应被认为发生在该行政区界限内。

第二十条　部长可以修改附件

1. 部长可不定期通过在政府公报上发布的命令修改附件。

2. 第 1 款规定的命令若被否决则不得适用。

第二十一条　规章

部长可为实施本法规定制定规章,并且在不妨害前述规定一般意义的情况下,特别为以下内容制定规章:

(1)为官方承认的标明区域基线或边界线的海图,以及对该海图以规定方式获得证明的副本作为证据承认;

(2)以上述海图或其他方式确定区域界限;

(3)管理人工岛屿、设施以及建造、维护和移除结构;

(4)在人工岛屿、设施和结构周围设立安全区;

(5)管理人工岛屿、设施和结构上的海关、财政、卫生、安全和移民事务;

(6)规定将逮捕或扣押任何外国船舶以及对其处以刑罚的事实通知利益相关方所应采取的步骤;

(7)为规章任何规定的目的确定船舶国籍;

(8)管理与区域经济性勘探或开发有关的任何活动;

(9)管理区域内科学研究的授权、控制和监督,以及考古物和历史物的发掘;

(10)海洋环境的维护和保护以及海洋污染的预防和控制;

(11)确定在区域内实行共同投资或其他合作安排的内容和条件;

(12)规定人员培训和技术转让的要求;

(13)确定区域内生物资源的可捕量;

(14)确保维护和最大化利用区域生物和非生物资源所需采取的适当养护和管理措施;

(15)确定和计算船舶运载、存储和维护所需费用;

(16)管理被扣押或没收的任何货物的销售和处置;

(17)规定申请许可证需付的费用;

(18)规定本法授权规定的任何事项。

第二十二条　法律的修正

附表中规定的法律分别按照附录中的内容进行修正。

附　　表

序　号	法规名称
1	《海滩控制法》
2	《海关法》
3	《危险药品法》
4	《渔业法》
5	《牙买加国家遗产信托法》
6	《港口法》
7	《海事局法》
8	《矿产(特别保护)法》
9	《采矿法》
10	《石油法》
11	《公共健康法》
12	《检疫法》
13	《野生动物保护法》
14	《沉船打捞法》

附　　录

法　规	修　正
《海滩控制法》	
第七条第1款	删除(2)项(b)目的"或《引航法》",代之以"《引航法》或《专属经济区法》"。
第九条	a. 删除第2款中的"该",代之以"在第2A款的限制下,该"。 b. 紧接第2款插入第2A款: "2A. 任何涉及专属经济区的许可证应受《专属经济区法》规定或任何依据本法第十一条发布的命令的限制。"

续表

法　规	修　正
《渔业法》	
紧接"一般规定"的标题插入第二十三 A 条： "第二十三 A 条　依据第五条或第十一条授予的与专属经济区有关的任何许可证，应受《专属经济区法》规定或任何依据本法第十一条发布的命令的限制。"	
《牙买加国家遗产信托法》	
第二条	a. 在第 1 款： (1)删除编号"1"。 (2)在(1)项"国际纪念碑"的定义中，删除从"在依据"到"区域中"，代之以"在专属经济区内"。 b. 删除第 2 款和第 3 款。
第十二条第 6 款	删除从"在依据"到"区域中"，代之以"在专属经济区内"。
《采矿法》	
第十八条	a. 在第 1 款中删除"该"，代之以"在第 1A 款的限制下，该"。 b. 紧接第 1 款插入第 1A 款： "1A. 依据第 1 款授予的关于在专属经济区内采矿的许可证，应受《专属经济区法》规定或任何依据本法第十一条发布的命令的限制。" c. 删除第 5 款，代之以如下内容： "5. 探矿权证应当出示： (1)在持有人采矿所在土地的所有人或占有人要求，或警察要求的任何时候；或者 (2)若持有人在专属经济区采矿，在《专属经济区法》规定的警监或海洋官员要求的任何时候。"
第二十一条第 3 款	删除"超过 8 平方英里"，代之以"土地超过 8 万平方英里或有关专属经济区的任何部分超过 2.4 万平方英里"。
第三十三条第 3 款	在"占有人"后插入"或就专属经济区的该部分向警监"。
第三十五条	重新将本条编号为第 1 款，并紧接其后插入第 2 款： "2. 在本法的限制下，矿产租赁人在专属经济区且在其租期内，有权建造任何人工岛屿、设施或结构，并有权操作、维护和使用该人工岛屿、设施或结构。"

法　规	修　正
第七十条	a. 删除本条结尾的句号,代之以分号。 b. 紧接(2)项插入(3)项: "(3)若矿产租赁人在专属经济区内采矿,为备案该租赁事项的外交部常任秘书。"
《石油法》	
第三条	a. 从第 1 款中删除: (1)编号"1"。 (2)从"其他"一词到"任何其他区域"一词,代之以"专属经济区"。 b. 删除第 2 款和第 3 款。
第四条	a. 删除"任何人不得",代之以"在第 2 款的限制下,任何人不得"。 b.将本条重新编号为第 1 款。 c.紧接第 1 款插入第 2 款: "2.专属经济区内石油资源的任何勘探或开发,或任何权利、权益、利益或产权的获取,都应受《专属经济区法》规定或任何依据该法第十一条发布的命令的限制。"
第二十八条	删除(2)项,代之以如下内容: "(2)专属经济区;"。
《公共健康法》	
第七条第 1 款	a.将(19)项改为(20)项。 b.紧接(18)项插入(19)项: "(19)专属经济区内人工岛屿、设施和结构的卫生和卫生设施检查。"
《检疫法》	
第八条第 2 款	a.删除该款结尾处的句号,代之以分号。 b.在(e)项后插入(f)项: "(f)专属经济区内人工岛屿、设施和结构的卫生。"《野生动物保护法》
第八 A 条	在第八条之后插入第八 A 条: "第八 A 条　凡无依本法颁发的许可证而从专属经济区中捕获任何动物或鸟类或取走任何卵,即以违反本法的犯罪论处。"

续表

法　规	修　正
《沉船打捞法》	
第二条	删除本条。
第三条	a. 删除"专员"和"个人"的定义。 b. 紧接"船舶"的定义插入以下定义："'本岛屿的水域'指牙买加的内水、领海和专属经济区。" c. 删除"沉船"定义中"任何潮水"一词,代之以"本岛屿的水域"。
第五条	a. 删除"在本岛或任何属地的珊瑚礁或岛屿的海岸或海岸附近的任何地方",代之以"在本岛屿水域的任何部分"。 b. 删除"在该地所处区域",代之以"离该地最近之处"。 c. 删除"立即赶往此地",代之以"立即赶往此部分"。
第十二条	a. 删除"在本岛沿岸或领土范围内任何岛屿和珊瑚礁沿岸",代之以"在本岛的水域范围之内"。 b. 删除《海事局法》,代之以《海事局法案》。
第十四条	删除"或前述任何岛屿和珊瑚礁"。
第十五条	删除本条,代之以如下内容: "第十五条 第十四条适用于在本岛屿界限以外被发现或占有,并在本岛屿界限以内被打捞的沉船,亦适用于在本岛屿界限以内被发现或占有的沉船。"
第十七条	删除第一次出现的"地点",代之以"本岛水域的部分"。
第二十条	a. 删除"或任何属地的"。 b. 删除本条中所有的"或专员"。
第二十一条	a. 删除"本岛国库",代之以"国库"。 b. 删除"或收取该费用的属地国库,该费用应保留单独账户"。 c. 删除"或专员"。
第二十二条	a. 删除"或作为属地的任何岛屿和珊瑚礁的"。 b. 删除"或任何前述岛屿和珊瑚礁"。

续表

法 规	修 正
第二十三条	删除"本岛或该前述属地的国库",代之以"国库"。
第二十四条	删除"和领土"。
第二十六条	a.删除"或属地的"。 b.删除本条所有出现的"在发现沉船的地方或在该地附近的",并在每处代之以"在最靠近岛屿水域中发现沉船处的地方"。 c.删除所有出现的"高级法院",并在每处代之以"最高法院"。
第三十二条	a.删除"任何前述岛屿和珊瑚礁"。 b.删除"高级法院",代之以"最高法院"。
第三十四条	第2款删除"高级法院",代之以"最高法院"。
第三十八条	a.删除"在任何地方",代之以"在牙买加水域的任何部分"。 b.删除本条所有出现的"或专员"。 c.删除"本岛或发现该沉船的属地的国库",代之以"国库"。
第三十九条	a.删除"沿岸或靠近沿岸",代之以"水域的任何部分"。 b.删除"或作为属地的任何岛屿和珊瑚礁的海岸或其附近"。 c.删除"或领土任何部分的"。
第四十一条	a.删除"或领土范围"。 b.删除"本岛税务长",代之以"关税和消费税专员"。
第四十二条	a.删除"本岛税务长",代之以"关税和消费税专员"。 b.删除"该税务长将",代之以"该专员将"。
第四十三条第1款	删除"在本岛或前述任何岛屿和珊瑚礁的海岸或其附近",代之以"在本岛水域的任何部分"。
第四十四条	删除"在本岛或任何属地范围内的海岸或其附近",代之以"在本岛水域的任何部分"。

关于目标和理由的备忘录

专属经济区的概念是由随着采集离岸矿物资源技术的快速进步所产生的一些国家主张演变而来的。在已存的 12 海里领海之外,该区域试图包括一个从领海向海一侧界限量起宽 188 英里的额外水域。

作为讨论海洋法的会议参与者,牙买加已接受在该区域需要保护海洋环境的规定。

牙买加已接受《联合国海洋法公约》。在保护其海洋资源方面,它现在正试图立法,以便施行和遵守《联合国海洋法公约》中关于专属经济区的规定。

因此,本法案旨在:

(1)设立专属经济区;

(2)规定勘探和开发区域资源的方式;

(3)规定对违反法律的惩罚措施;

(4)准许制定与区域内活动有关的规章;

(5)对其他法律进行后续的修正。

David Coore

外交事务和对外贸易部长

一 项 法 案

命 名

在领海之外设立专属经济区,并规定附属或有关事项的一项法律。

建议修正的《海滩控制法》第七条和第九条

第七条

1. 即使有不同于本法的规定,部长在当局的建议下,可以发布命令宣称:

（1）……

（2）在命令确定的区域内,为命令禁止的行为包括以下任何或全部行为:

（a）……

（b）为从事《港口法》《海事局法》《沉船打捞法》或《引航法》规定的合法行为之外的目的,使用非风力或桨驱动的船舶。

…………

第九条

1.……

2.该部长如认为适当,可以以其认为适当的方式,并在其认为适当的条件限制下,授予任何申请人竖立、建造或维护任何码头、停泊处、水上平台、突堤式码头或前述任何结构、设备或装置的许可证。

建议修正的《牙买加国家遗产信托法》第二条和第十二条

第二条

1.除上下文另有规定外,在本法中:

…………

"国家纪念碑"指:

（a）任何建筑物、结构、物体或其他人为或自然设施,或它们的任何部分或遗址,不论其在地面上或是在岛屿领海的海底,或在依据第2款发布的命令中宣称的属于岛屿海洋资源管辖权范围内的区域中。

…………

2.在牙买加作为缔约方的任何相关国际公约的限制下,部长可通过命令宣布,为本法目的,命令所定义的非牙买加领海或大陆架一部分的任何区域处于牙买加主权管辖权范围内。

3.第2款规定不得解释为以任何方式限制以包括《联合国海洋法公约》在内的一般国际法为依据的牙买加主权权利。

第十二条

…………

6.在本条、第十九条和第二十条中,"结构"包括任何建筑物、结构、物体或其他人为或自然设施,或它们的任何部分或遗址,不论其在地面上或是在岛屿领海的海底,或在依据第二条第 2 款发布的命令中宣称的属于岛屿海洋资源管辖权范围内的区域中,以及任何遗址、洞穴或坑穴。

建议修正的《采矿法》第十八条、第二十一条、第三十三条和第七十条

第十八条

1. 该专员可依其对以法定形式提交并支付了法定费用的申请的绝对裁量权,授予任何人法定采矿权;

如果一项采矿权不应授予:

…………

5. 在持有人采矿所在土地的所有人或占有人要求,或警察要求的任何时候,应出示采矿权证。

第二十一条

1. ……

3. 一个许可证许可的区域不应超过 8 平方英里。

…………

第三十三条

1. ……

3. 部长可要求矿产租赁的申请者证明,申请者拥有或掌握了足够的工作资金以确保适当开发以及能够在申请区内进行采矿作业,并且可向租赁所涉土地的所有人或占有人支付任何补偿。部长还可要求申请者对其提交采矿人或工程师制作的关于申请区的任何报告,以供其参考。在申请者不能证实的情况下,部长可拒绝申请,但申请者可随时提交新申请。

…………

第七十条

专员应向任何利益相关方送达在其办公室登记的每个采矿租赁合同和水权证的副本,以及转让、更新、建立或确定此类租赁合同或水权证的任何文件的副本,并向以下对象送达依据第五十九条发布的任何命令的副本:

（1）对依据《权利登记法》授予土地的情况，为应依该法规定登记此类租赁合同或水权证的权利登记人；

（2）对不依据《权利登记法》授予土地的情况，为应备案此类租赁合同或水权证的副保管人。

建议修正的《石油法》第三条、第四条和第二十八条

第三条

1. 特此赋予王国拥有自然蕴藏在牙买加地层，包括领海的海床和底土、大陆架，以及其他依本条被宣布处于牙买加海洋资源管辖权范围内的任何其他区域的所有石油的权利、权益、利益或不动产权。

2. 在牙买加作为缔约方的任何相关国际公约的限制下，部长可通过命令宣布，为本法的目的，命令确定的且非牙买加领海或大陆架部分区域的任何海洋区域处于牙买加管辖权范围内。

3. 依据本条发布任何命令均应由议会通过。

第四条

除依本法以及任何依本法制定的规章的规定，任何人不得：

（1）勘探或开发石油资源；

（2）获得第三条赋予王国的任何石油的权利、权益、利益或不动产权。

第二十八条

牙买加法律及于：

（1）……

（2）当时依据第三条宣布处于牙买加海洋资源管辖权范围内的任何其他区域；

（3）在第（1）项和第（2）项提及的区域之内建造的所有人工岛屿和其他结构，以及为了勘探或开发石油资源、转移或转运任何石油或石油产品而停靠在那些地方的任何船舶，如同大陆架和那些区域、岛屿、结构或船舶（作为海洋的延伸部分）均位于牙买加；而且为了任何牙买加法院的管辖权，任何此种海洋的延伸部分应视为处于启动法律程序的行政区。

建议修正的《检疫法》第八条

第八条

1. ……

2. 在不妨碍第 1 款授予的权力的一般意义的情况下,为该款其中设定的目的,该款下的规则可规定以下所有或任何事项,即:

(1)管理入港许可的授予或撤销。

…………

(5)确定依据第七条有效的规章施以的罚款,并规定其归属。

建议修正的《沉船打捞法》第二条和第三条

第二条

本法及于牙买加本岛、凯门岛(Cayman Island)以及属于本岛的其他珊瑚礁和岛屿,但是不适用于特克斯和凯科斯群岛(Turks and Caicos Islands)或与之无关。

第三条

在本法中:

"专员"指专员或管理任何牙买加属地的地方政府的其他官员。

…………

"个人"包括组织。

…………

"沉船"包括在海岸上或任何潮水中发现的漂流物、沉船残骸、系浮标的投弃货物和遗弃物。

建议修正的《沉船打捞法》第五条

第五条

若任何船舶或船只在本岛或任何属地的珊瑚礁或岛屿的海岸或海岸附近

的任何地方搁浅或遇难,则在该地所处区域的接管人应在知悉该事故后立即赶往此地。在到达该地后,他应指挥在场的所有人,给每人分派任务,并发布其认为适于保护该船舶或船只、船上人员的生命和船上的货物与舾装的指令,并得对故意违背该指令的任何人罚没不超过 50 磅的钱款。除依船长要求,该接管人无权干涉该船舶的船长与其雇员间有关管理的事项。

建议修正的《沉船打捞法》第十二条

第十二条

任何接管人或不出场的任何司法人员在方便的情况下,应尽快询问经宣誓(在此宣誓应分别进行)且属于可能或已经在本岛沿岸或领土范围内任何岛屿和珊瑚礁沿岸上遇难的任何船舶的任何人,或能够对任何船舶、货物或储物作出任何解释的任何其他人,其解释涉及以下事项,即:

(1)船舶的名称与描述;

…………

并且该接管人或司法人员应做询问笔录,并将该笔录复制两份,其中一份呈交部长,另一份送至最近的海关署长办公室,且后一份复件应由署长放置于明显可供人查阅的地方;并且为了查阅的目的,任何前述接管人或司法人员得对《海事局法》指定的检查员行使该法授予的所有权力。

建议修正的《沉船打捞法》第十四条和第十五条

第十四条

以下规则应为在本岛或前述任何岛屿和珊瑚礁范围内寻找或占有沉船的任何人所遵守,即:

…………

第十五条

前一条得适用于在本岛或该条所述的任何岛屿或珊瑚礁范围之外被发现或占有,并被带至本岛或该条所述的任何岛屿或珊瑚礁范围之内的沉船,亦得适用于在本岛或该条所述的任何岛屿或珊瑚礁范围之内被发现或占有的沉船。

建议修正的《沉船打捞法》第十七条

第十七条

在占有任何沉船后 48 小时之内,任何接管人应在离该沉船被发现或控制的地点最近的港口海关,敦促公示该沉船及对其特殊标志的描述。如果该沉船的价值超过 20 磅,还应将类似描述转呈部长,并将其副本置于可供人查阅的明显之处。

建议修正的《沉船打捞法》第二十条至第二十四条

第二十条

任何时候,若在本岛或任何属地的任何地方发生了关于应向任何接管人支付的款项或费用数额的任何纠纷,则该纠纷应由部长或专员裁决,且部长或专员的裁决应具有最终效力。

第二十一条

依据本法指定的任何接管人收取的有关其作为接管人履行任何职务的所有费用,应交本岛国库或收取该费用的属地国库,该费用应保留单独账户。收到的钱款应用于以部长或专员指定的方式支付为实现本法目的所发生的任何费用。

第二十二条

任何时候,任何船舶或船只在本岛或作为属地的任何岛屿和珊瑚礁的海岸搁浅或遇难,任何人应:

(1)协助该船舶或船只。

(2)救助该船舶或船只人员的生命。

(3)救助该船舶或船只的货物或舾装或其任何部分。

在任何时候,若本岛或任何前述岛屿和珊瑚礁的范围内的任何沉船由接管人以外的任何人救助,则该船舶或船只、货物、舾装或沉船的所有人应向提供这些服务或其中部分服务的人或救助沉船的人支付合理的打捞费,以及此人在提供这些服务或救助沉船的过程中适当发生的所有费用。该打捞费和费用(以下包含在"打捞费"中)的数额在发生纠纷的情况下依据下文提及的方式确定。

与属于任何前述船舶或船只的人员或任何人生命的保全有关的救助,应优先于对救助的任何其他权利主张,所产生的费用由该船舶或船只的所有人支付。如果该船舶或船只完全毁损,或其此后的价值在支付实际发生的费用后已经不足以支付救助任何生命的费用,则部长可以指令从本岛或前述属地的国库中支出其认为适当的数额给救助者,以全部或部分满足未支付的有关生命救助的任何费用。

第二十四条

本法中有关从本岛和领土范围内的任何船舶或船只救助生命的所有规定,适用于从在本岛登记或与本岛进行贸易的任何船舶上,或属于该船舶的任何船只上救助生命,不论救助可能发生在何处,亦适用于在本岛全部或部分水域内已经发生服务的任何外国船舶的生命救助行为。

建议修正的《海难和救助法》第二十六条

第二十六条

在任何时候,在任何此类船舶或船只、货物、舾装以及沉船的所有人与救助人之间,或在该所有人的代理人与救助人之间,在本岛或属地的任何地方发生的救助的费用数额引起任何纠纷,且纠纷当事方不同意提交仲裁或以其他方式解决纠纷:

(1)如果主张的数额不超过200磅,或被救助的财产价值不超过1 000磅,则该纠纷应提交常驻治安法官裁决,或提交任何两名常驻司法人员裁决,这里的常驻司法人员:

(a)在沉船的情况下,为在沉船发现地或在该地附近的常驻司法人员;

(b)在对任何船舶或船只或属于该船舶或船只的任何人员、货物或舾装提供了服务的情况下,为在该船舶或小船停靠或所处之地或其附近的常驻司法人员,或在引起救助费权利主张的事故发生后该船舶或小船被带至的本岛第一个港口或其附近的常驻司法人员。

(2)但是,如果主张的数额超过200磅,在各当事方同意的情况下,该纠纷可提交该常驻治安法官或前述司法人员裁决,若各当事方不同意,则应由高级法院裁决。在本规定的限制下,如果该纠纷中的权利主张者在该高级法院没有取得超过 200 磅的更大数额的补偿,则其不得在有关权利主张的诉讼中找回其引起的任何成本、费用或支出,除非法院证明该案适于提交上一级法院审判;并且,有关救助的纠纷可以由救助者、被救助财产的所有人或其各自的代理人申请听证和判决。部长得随时决定在任何该常驻治安法官或前述司法人员审理的救助案件中需要给予的费用数额。

建议修正的《海难和救助法》第三十二条

第三十二条

在任何时候,对在本岛或任何前述岛屿和珊瑚礁提供的救助服务所应支付的救助费总额已最终通过协议或常驻治安法官、司法人员或此类裁判员裁决确定,但权利主张者之间的分配发生纠纷,并且数额不超过 200 磅的,支付方得当然向地区接管人请求自由支付其应支付的数额。如果接管人认为适当,则其应接受该笔支付,并出具证明,说明该笔支付和所提供的救助服务;对于获得该证明的人员及其船舶、小船、货物、舾装或活动,该证明应是对与在此提及的服务有关的所有人权利主张的完全责任免除和保障。但是,如果数额超过 200 磅,则高级法院可以以其认为适当的方式在权利主张者之间分配该数额,并且只要认为适当,可为此指定任何人进行该项分配,还可要求掌握或控制该数额款项的任何人进行分配,或将该款项交给法院以法院指定的方式处理,并为此采取其认为适当的行为或其他程序。

建议修正的《海难和救助法》第三十四条

第三十四条

在应依据本法向任何人支付救助费时,接管人应采取以下行动:

(1)……

(2)如果支付的救助费与救助沉船有关,且该沉船因无人依据以下规定主张权利而未被出售,则其应扣押该沉船至费用缴纳完毕,或程序已经按照前述方式启动;但是,如果在启动该程序前,接管人已获得令其满意的对救助费的适当保证,则应释放其保管的前述被扣押的任何船舶、船只、货物、舾装或沉船;在对救助费的主张超过 200 磅的情况下,高级法院得裁决因提交的保证金数额或保证的充分性引起的任何问题;并且,只要向接管人提出的保证金或其他保证超过 200 磅,对于救助者、被救助财产的所有人或其各自代理人,在前述法院启动法律程序裁决他们之间的任何问题都是合法的,并且前述法院可以同样方式执行该保证金或其他保证,如同保释已经在该法院作出。

建议修正的《海难和救助法》第三十八条

第三十八条

如果自接管人占有沉船之日起一年之内,无人对沉船主张权利,接管人应立即出售沉船,并在支付销售附带费用、扣除其劳务费和所有开支(如果有),以及按照部长或专员在每个案件中所做的或依据任何一般规则确定的向救助者支付救助费后,以部长或专员指定的方式将销售收益的剩余部分缴入本岛或发现该沉船的属地的国库,并按部长依据当时调整海事费用支出的有效法律发出的命令支出。

建议修正的《海难和救助法》第三十九条

第三十九条

任何时候,在本岛沿岸或靠近沿岸或作为属地的任何岛屿和珊瑚礁的海岸或其附近发现属于在此遇难的任何外国船舶或作为该船舶组成部分的任何物品,或作为任何该类船舶货物一部分的任何物品,或被带至本岛或领土任何部分的任何港口的任何此类物品,在该船舶或货物所有人和船长或所有人的其他代理人不在场的情况下,该船舶或货物所有人所属国的领事官员在保存和处置该物品的范围内可被认定为所有人的代理人。

建议修正的《海难和救助法》第四十一条至第四十四条

第四十一条

被带至或流入本岛或其任何港口的所有外国货物的沉没物应负担同分别进口到本岛或领土范围的货物一样的义务。如果对于该货物原产地存在任何疑问,则它们应被认为是经本岛税务长调查确定的国家产品。

第四十二条

本岛税务长可以准许将从返航过程中搁浅或沉没的任何船舶上抢救出的所有货物、商品和货品运至其原定目的港或其他地方,并且将从出航过程中搁浅或沉没的任何船舶上抢救出的所有货物、商品和货品运至其装运港。

但是,该税务长应采取保全措施以便适当保护这些货物、商品和物品的价值。

第四十三条

任何人的以下行为,即:

(1)不当地带走或移动在本岛或前述任何岛屿和珊瑚礁的海岸或其附近搁浅或有搁浅危险,或处于危难中的任何船舶或船只的任何部分,或其货物或舾装的任何部分或任何沉没物;

…………

第四十四条

将在本岛或任何属地范围内的海岸或其附近搁浅、被遗弃或遇难的任何船舶或船只,或在前述范围内发现的任何沉船带至任何外国港口或地点并销售的,应承担刑事责任,处最高 4 年监禁并服苦役。

纳 米 比 亚

Namibia

纳米比亚领海和专属经济区1990年第3号法案

（1990年6月30日）

本法为确定和划分纳米比亚领海、内水、专属经济区和大陆架并规定附带事项的法令（1990年6月6日经总统签署）。

纳米比亚共和国国民大会兹颁布如下法律：

用　　语

1. 除非上下文另有规定，在本法案中——

《公约》指1982年4月30日在联合国第三次海洋法会议上通过的1982年《联合国海洋法公约》。

"低潮线"指最低天文潮线。

"纳米比亚"指《纳米比亚宪法》第一条第（4）款中规定的纳米比亚共和国，就任何的权利或权力而言，指赋予有关权利或权力或同类性质的权利或权力的当局。

"海里"指1 852米的国际海里。

纳米比亚领海

2.（1）从低潮线量起 12 海里的海域为纳米比亚领海。

（2）（a）纳米比亚在确定领海范围时，须适当考虑《公约》中规定的规则或者不时对纳米比亚产生约束力的国际条约所体现的规则，并且在适当考虑上述国际规则的情况下，纳米比亚应认可除第（1）款规定的据以测量 12 海里距离的低潮线以外的基线；

（b）本节规定的任何基线可用适当的标记标注在经纳米比亚正式承认的比例尺海图上；

（c）在法院审理的任何诉讼程序中，（b）项提到的任何海图应作为相关事项的初步证据。

（3）本法生效时，纳米比亚境内与领海或从低潮线量起少于 12 海里的海域有关的任何现行法律应适用于纳米比亚的领海。这些法律中对"领水"或"低潮线"的任何提及应分别视为对本法案中的"领海"和"低潮线"的提及。

纳米比亚的内水

3.（1）低潮线或其他用来测算领海宽度的基线向陆一侧的水域构成纳米比亚内水的一部分。

（2）第（1）款的规定作为关于纳米比亚内水规定的其他法律的补充，而非取代。

纳米比亚的专属经济区

4.（1）位于纳米比亚领海以外但从低潮线或其他用来测量领海宽度的基线量起 200 海里内的海域构成纳米比亚的专属经济区。

（2）为确定专属经济区的范围，第 2 条第（2）款规定应比照适用。

（3）在专属经济区内——

（a）纳米比亚所有关于开发、勘探、养护或管理海洋自然资源（不论是生

物资源还是非生物资源)的法律同样适用;

(b)纳米比亚有权行使其认为必要的任何权利,以防止违反其财政法律或任何关于海关、移民、卫生或海洋自然资源的法律。

(4)本法案生效时,与任何渔区有关的任何现行的纳米比亚法律应适用于纳米比亚的专属经济区。这些法律中任何提及"渔区"的地方应视为提及本法案界定的"专属经济区"。

领海和专属经济区的划界

5. 在确定纳米比亚领海和专属经济区的范围时或确定之后,如果其与任何其他国家的领海、专属经济区或其他海洋区域的范围相重叠或交叉,则纳米比亚的领海和专属经济区可以通过与相关国家的协议来确定或修改。在此种协议达成之前,或无法达成此种协议时,纳米比亚领海或专属经济区的范围可根据具体情形由纳米比亚酌情确定或修正。

纳米比亚的大陆架

6. (1)纳米比亚的大陆架依《联合国海洋法公约》的规定或对纳米比亚具有约束力的国际条约而确定。

(2)第(1)款中提及的大陆架应被视为纳米比亚的一部分,并为如下目的被视为国家领土——

(a)开发海洋的自然资源;

(b)任何与采矿、宝石、金属或矿物(包括天然石油)有关的法律的任何规定,适用于邻接大陆架的纳米比亚部分。

法律的废止与修改

7. 表中所列的法律特此废止,或按照表格第三列的规定予以修改。

简称与生效

8. 本法案可称为《纳米比亚领海和专属经济区法》(1990),并自总统在政府公报上确定的日期开始生效。

表 废止或修改的法律(第七节)

号码及年代	简称	废止或修改的程度
1973 年第 58 号法案	1973 年《海洋渔业法案》	1. 用如下规定代替第十七节的规定: "没收和扣押。 "17.(1)一旦法院确认行为人犯有本法案所述罪行,除其可能进行的任何刑罚,法院还可以宣布与违法行为有关或在违法过程中使用的任何鱼类、海草、贝壳或工具或渔船或其他船舶或交通工具,或违法人员的相关权利,没收归国家所有,并在法院认为适当的时段内暂停该违法个体的任何注册或根据本法取得或被授予的执照或许可:只要能够证明违法者以外的其他人已经采取一切合理措施,避免工具、船舶、渔船或交通工具与罪行有关,这种没收声明就不会影响违法者以外的人对工具、船舶、渔船或交通工具所拥有的任何权利。 "(2)《刑事诉讼法案》(1977 年第 51 号法)第三十五节第(3)款和第(4)款的规定,应比照适用于这些权利。 "(3)任何根据本条规定或第六条第(6)款规定而被没收为国家所有的鱼类、海草、贝壳、渔船、船舶、交通工具或工具或任何权利,均可被出售、销毁,或以总统指示的其他方式予以处理。" 2. 修订第 22A 条: (1)以"100 万兰特*"代替第(4)款中的"5 万兰特"。 (2)将第(4)款中"或判不超过 7 年的监禁,或罚金与监禁并处"删除。 (3)用以下条款代替第(5)款的规定: "(5)(a)总统可以通过政府公报通知的形式制定与第(2)款授权船舶有关以及与本法案第 10 条第(1)款,第 11 条第(a)项、(b)项和(e)项,第 13 条第(1)款(a)项、(c)项、(d)项、(f)项、(g)项、(h)项、(i)项、(j)项、(l)项、(m)项和(n)项所提及的任何事项有关的规章。

---

* 南非基本货币单位。

续表

号码及年代	简称	废止或修改的程度
1973 年 第 58 号法案	1973 年《海洋渔业法案》	(b)可根据(a)项针对不同船舶或不同国家的船舶,或针对不同鱼类或鱼类产品,制定不同的规章。 (c)任何人使用根据第(2)款得到授权的船舶,违反或不遵守本款(a)项所提述的规定,即属犯罪,一经定罪,可被处以第(4)款规定的处罚。
1979 年 AG32 号声明	1979 年《西南非洲领水声明》	全部废止。

纳米比亚共和国总统声明*

《纳米比亚领海和专属经济区法》开始生效(1990 年第 3 号法令)。

根据 1990 年《纳米比亚领海和专属经济区法》第八部分赋予我的权力,我于此宣布,该法自 1990 年 7 月 10 日生效。

1990 年 6 月 30 日于温得和克经我签署,并盖纳米比亚共和国国玺。

纳米比亚领海和专属经济区法(修正)**
(1991 年)

解释性说明:

下划实线的词语表示在原法中插入的部分。

方括号内加粗的词语表示原法中遗漏的部分。

法　　令

本法修改 1990 年《纳米比亚领海和专属经济区法》,以建立纳米比亚的

＊ 见《纳米比亚共和国政府公报》(温得和克),第 44 号,1990 年 7 月 10 日。

＊＊ 见《纳米比亚共和国政府公报》(温得和克),第 332 号,1991 年 12 月 30 日。

毗连区。在该区内,纳米比亚享有防止违反某些法律的权利。本法同时对纳米比亚大陆架问题及其他附带事项作出进一步的规定。

(1991 年 12 月 12 日经总统签署)

纳米比亚共和国国民大会颁布如下法律:

插入部分 1990 年第 3 号法案 3A	1. 兹将以下部分插入 1990 年《纳米比亚领海和专属经济区法》(以下称"主法")第 3 条之后。
纳米比亚毗连区	3A(1)纳米比亚领海以外但从测算领海宽度的低潮线或从其他基线量起 24 海里以内的海域构成纳米比亚的毗连区。 (2)为确定纳米比亚的毗连区范围,第二条第(2)款的规定应比照适用。 (3)在纳米比亚的毗连区内,纳米比亚有权行使其认为必要的任何权利,以防止违反财政法或其他任何有关海关、移民或卫生的法律。
修改 1990 年第 3 号法案第 4 条	2. 主法的第 4 条兹修改如下,用如下的(b)项代替第 3 款: (b)纳米比亚有权行使其认为必要的任何权利,以防止违反[任何财政法律或]其他任何有关[海关、移民或卫生或]海洋自然资源的法律。
修改 1990 年第 3 号法案第 6 条	3. 主法的第 6 条兹修改如下,用如下规定代替第(2)款的规定: (2)第(1)款提及的大陆架应[被视为纳米比亚的一部分],并为如下目的被视为国家领土: (a)开发海洋的自然资源。 (b)任何与采矿、宝石、金属或矿物(包括天然石油)有关的法律的任何规定,适用于邻接大陆架的纳米比亚部分。
1990 年第 3 号法案全称的修改	4. 兹以如下全称取代主法的全称: "确定并划分纳米比亚的领海、内水、毗连区、专属经济区和大陆架,并规定其附带事项"。
简称	5. 该法可称为《纳米比亚领海和专属经济区法修正法》(1991)。

波　　兰
Poland

波兰共和国海上领域以及海上管理法令*
（1991 年 3 月 21 日）

第一部分　一般规定

第一条

1. 本法规定其法律适用范围为波兰共和国的海域、沿海地区和海洋管理局及其管辖范围。

2. 如果波兰共和国加入的国际条约另有规定，则本法的规定不再适用。

第二条

1. 波兰共和国的海域包括：

（1）内水；

（2）领海；

（3）专属经济区。

以上（1）（2）（3）均简称为"波兰海域"。

＊《波兰共和国立法公报》，第 32 号，华沙，1991 年 4 月 18 日。1991 年 7 月 1 日生效。

2.内水和领海是波兰共和国领土的一部分。

3.波兰共和国的内水和领海的领土主权及于其水域、上空、海床和底土。

第三条

1.为国防或国家安全需要：

（1）可在内水和领海建立禁止航行和捕鱼的区域；

（2）可在内水和领海之外，公告对于航行或捕鱼不安全的区域。

2.上述规定所指的区域应经国防部与运输和海洋经济部、内政部长协议，由国防部设立并公告。

第二部分　波兰的海域

第一节　内　　水

第四条

内水包括：

1.位于波兰共和国和德国间的国家边界以东，包括新瓦尔普诺（Nowowarpno）湖和什切青（Szczecin）湾的部分水域、希维纳（Swina）、济夫纳（Dziwna）和卡缅（Kamien）湾，以及什切青湾与什切青港口水域之间的奥德拉（Odra）河。

2.格但斯克湾的部分，其封闭基线为海尔半岛（Hel Sandbar）上坐标为北纬 54°37′36″、东经 18°49′18″的点与维斯瓦沙洲（Vistula Sandbar）上坐标为北纬 54°22′12″、东经 19°21′00″的点的连线。

3.维斯瓦（Vistula）湾部分，即该峡湾内波兰共和国与苏维埃社会主义共和国联盟之间国界线的西南部分。

4.港口水域为最外部永久海港工程之间连线的靠海一侧水域，永久海港工程应构成海港体系的主要部分。

第二节　领　　海

第五条

1.波兰共和国的领海是指从海岸基线起向外延伸 12 海里（22 224 米）的海域。

2. 领海基线由沿岸低潮线或内水外部界限构成。

3. 领海的外部界限是一条其每一点同基线最近点的距离等于 12 海里的线,受本条第 4 款规定限制。

4. 通常用于船舶装卸和下锚的泊船处,即使全部或一部分位于领海的外部界限以外,都应包括在领海范围之内,其中领海的外部界限受本条第 1 款和第 3 款规定的限制。

5. 上述规定中提到的泊船处的界限须部长理事会通过立法制定。

第六条

1. 外国船舶受本条第 3 款规定的限制,享有无害通过波兰共和国领海的权利。

2. 无害通过权指为了下列目的,通过领海的航行:

(1)穿过领海但不进入内水或停靠内水以外的海港体系或泊船设施处;

(2)驶入或驶出内水;

(3)驶入或驶出部分海港体系或泊船设施处,受本款第(1)项规定的限制。

3. 外国军舰能否通过波兰领海并进入波兰内水,由国防部部长通过法令决定。

第七条

通过应持续不停和迅速进行。通过包括停船和下锚在内,但以通常航行所附带发生的或由于不可抗力或遇难所必要的或为救助遇险的人员、船舶或飞机的目的为限。外国渔船通过时,须将甲板上的渔具移除或存放,不得使用。

第八条

通过只要不损害波兰共和国的和平、良好秩序或安全,就是无害的。

第九条

如果外国船舶或军舰在领海内进行下列任何一种活动,其通过即应视为损害沿海国的和平、良好秩序或安全:

1. 对波兰共和国的主权、领土完整或政治独立进行任何武力威胁或使用武力,或以任何其他违反《联合国宪章》所体现的国际法原则的方式进行武力威胁或使用武力;

2. 以任何种类的武器进行任何操练或演习;

3. 任何目的在于搜集情报使波兰共和国的防务或安全受损害的行为；

4. 任何目的在于影响波兰共和国防务或安全的宣传行为；

5. 在船上起落或接载任何飞机；

6. 在船上发射、降落或接载任何军事装置；

7. 违反波兰共和国海关、财政、移民或卫生的规章，上下任何商品、外国货币或人员；

8. 任何故意的污染行为；

9. 任何捕鱼活动；

10. 进行研究或测量活动；

11. 任何目的在于干扰波兰共和国任何通信系统或任何其他设施或设备的行为；

12. 与通过没有直接关系的任何其他活动。

第十条

1. 运输部和海洋经济部经国防部部长同意，考虑到为航行安全而有必要时，可以通过立法在领海内划分航道，制定分道通航方案以及船舶定位通知方法，并为船舶通行管理指明适用上述内容的方法。

2. 航道和分道通航制应在海图上标明。

第十一条

行使无害通过领海权利的外国船舶应遵守关于防止海上碰撞和保护海洋环境的波兰法律和国际规章。

第十二条

1. 波兰共和国不应在通过领海的外国船舶上行使刑事管辖权，但下列情形除外：

（1）罪行的后果及于波兰共和国；

（2）罪行扰乱领海的安宁或良好秩序；

（3）经船长或船旗国外交代表或领事官员请求波兰当局予以协助；

（4）该管辖是取缔违法贩运麻醉药品或精神药品所必要的。

2. 上述规定不应限制波兰共和国在驶离波兰内水后通过其领海的外国船舶上行使刑事管辖权。

3. 若来自外国港口的外国船舶仅通过波兰领海而不驶入内水，波兰共和国不得对该船舶驶进领海前所犯的相关罪行采取任何措施。

4. 若违反第十七条对波兰共和国权利的规定或由于人为因素引起海洋环境污染,上述规定不应适用。

5. 如经船长请求,当局在刑事管辖领域采取措施,应通知船旗国的外交代表或领事官员。

第十三条

1. 不应为对通过波兰领海的外国船舶上某人行使民事管辖权的目的而停止其航行。

2. 不得为任何民事诉讼的目的而对通过波兰领海的外国船舶执行扣押,但涉及该船舶本身在通过波兰的内水或领海的航行中或为该航行的目的而承担的义务或负担的责任,则不在此限。

3. 对于在波兰领海内停泊或者驶离波兰内水后通过领海的外国船舶,不适用上述规定。

第三节　专属经济区

第十四条

波兰共和国明确规定其专属经济区。

第十五条

专属经济区是领海以外并邻接领海的一个区域,包括水体、海床和底土。

第十六条

1. 按照国际条约划定专属经济区的边界。

2. 若与上述规定相关的国际条约不存在,内阁部长会议可通过立法决定专属经济区的边界。

第十七条

波兰共和国在其专属经济区内享有权利如下:

1. 以勘探、管理和开发海床上覆水域和海床及其底土的生物或非生物自然资源为目的的主权权利和对该权利的维护,以及关于在该区内从事经济性活动的主权权利。

2. 相关管辖权:

(1)人工岛屿、设施和其他结构的建造和使用;

（2）海洋科学研究；

（3）海洋环境的保护和维护。

3. 国际法规定的其他权利。

第十八条

在本法的限制下，外国船舶在专属经济区享有航行和飞越的自由、敷设海底电缆和管道的自由，以及与这些自由有关的海洋其他国际合法用途。

第十九条

波兰涉及环境保护的法律适用于专属经济区。

第二十条

仅波兰船舶在其专属经济区享有捕鱼权，任何其他规定不得与本条相冲突。

第二十一条

如果波兰共和国和其他国家签订了与捕鱼业相关的国际条约，或者外国船舶拥有从事捕鱼业的许可执照，则该外国船舶在波兰的专属经济区可以从事捕鱼活动。

第二十二条

1. 波兰共和国在专属经济区内有专属的建造、授权和管理建造以及利用任何旨在进行科学研究、资源勘探或开发的人工岛屿、设施和结构的权利。

2. 上述规定所指的人工岛屿、设施和结构适用波兰法律。

第四节　人工岛屿、设施和结构、海底电缆和管道

第二十三条

在波兰的领海和专属经济区建造和利用人工岛屿、设施和结构的许可须经环保、自然资源、林业部部长建议后，由运输和海洋经济部部长签发。波兰内水的这类许可应由海洋管理办事处主任签发。

第二十四条

海洋管理办事处主任可在不超过这些人工岛屿、设施或结构周围 500 米的距离建立安全地带，但为一般接受的国际标准所许可或相关国际组织所建议的不同宽度区域除外。

第二十五条

涉及人工岛屿的建造、设施和结构的设立及其周围安全地带的建立和全

部或部分人工岛屿拆除的信息应在波兰水文局官方出版物及《航海通告》中向公众公示。

第二十六条

在内水和领海敷设、维护海底电缆和管道须得到海洋管理办事处主任的批准。

第二十七条

1. 在不妨碍波兰共和国行使权利并且不违反运输和海洋经济部部长作出的关于维护方法和位置的决定的情况下,在专属经济区敷设和维护海底电缆和管道应当被许可。上述运输和海洋经济部部长的决定须在获得环保、自然资源和林业部部长的意见之后方能作出。

2. 若不满足铺设和维护海底电缆和管道的条件,则运输和海洋经济部部长可撤回其许可。

第五节　科学研究

第二十八条

外国政府、自然人、法人以及相关国际组织在波兰内水和领海的科学研究须在获得运输和海洋经济部部长的同意之后方能进行。

第二十九条

1. 第二十八条提及的政府、自然人、法人和组织在波兰专属经济区的科学研究须在获得运输和海洋经济部部长同意之后方能进行。研究目的和研究方案信息的申请书须在研究预计开始日期之前 6 个月递交。

2. 若科学研究威胁环境,可能导致污染,在获得环保、自然资源和林业部部长的意见之后,运输和海洋经济部部长应拒绝颁发许可执照,或者撤回许可执照。同样的,运输和海洋经济部部长可以对如下研究措施保留意见:

(1)与区域的自然资源有直接关系;

(2)涉及大陆架的钻探、炸药的使用或将有害物质引入海洋环境;

(3)涉及人工岛屿、设施和结构的建造或使用。

第三十条

若外国政府、自然人、法人以及相关国际组织在波兰海域从事科学研究,则应:

1. 确保波方参与研究活动,包括允许其在科考船舶或其他设施上的参与考察;

2. 应运输和海洋经济部部长的要求,告知其研究结果;

3. 应运输和海洋经济部部长的要求,使其获得研究取得的全部数据和样本;

4. 在研究项目发生重要改变前,及时通知运输和海洋经济部部长;

5. 研究完成后应立即移除科学研究设施及设备,除非另外获得单独许可证才可保留上述设施和设备。

第三十一条

波兰的自然人和法人不需要执照即可在波兰海域从事科学研究,但应在研究开始前 14 日至研究结束后 14 日内,就研究的使用方法和地理区域告知海洋管理办事处主任。

第三十二条

若研究在某种意义上与法律规定或者按照特别规定制定的许可不符,或研究对环境有害,则按照第二十八条、第二十九条的规定,运输和海洋经济部部长应要求中止在波兰海域的研究,或者基于第二十九条规定撤销其许可。

第六节 矿物资源的开发

第三十三条

1. 在波兰海域勘探、开发和利用矿物资源的权利归波兰国家所有。

2. 涉及第 1 款规定的对矿物资源的勘探、开采和利用须持有许可执照,该许可执照是经环保、自然资源和林业部部长与运输和海洋经济部部长一致同意后颁发。

3. 如果规定源于对波兰有约束力的国际条约,或者其持有第 2 款中所提到的许可执照,则外国的自然人或者法人可以参与第 2 款中涉及的对矿物资源的勘探、开发和利用。

第三十四条

对矿物资源的调查、探矿、勘探和开发应遵守涉及地质研究的规章、矿物开发利用规章,以及涉及保护海洋环境、海洋生命和航行安全的规章。

第七节　旅游业及水上运动

第三十五条

在波兰海域从事旅游业和水上运动应遵守波兰法律的相关规定。

第八节　海岸带

第三十六条

1. 海岸带是毗邻海岸的陆地区域。

2. 海岸带包括：

(1) 技术区,即由直接分离海洋与陆地的区域组成,用于保持海岸使其能够满足安全和环境保护的需要的一片区域。

(2) 保护区,即人类活动直接影响技术区域状态的区域。

3. 海岸带沿着海岸延伸。

4. 由内阁部长通过法令规定技术区和保护区的界限和宽度。

第三十七条

1. 经由海洋主管局同意并明示允许的利用情况,可以对技术区进行除第三十六条第 2 款第(1)项中提及的情况以外的其他目的的利用。

2. 禁止在技术区内捕猎。

3. 根据水利法规的授权和涉及建筑施工、植树造林、创建捕猎区的决定以及将保护区的土地用于经济用途的计划的制定和实施,都须与海洋主管办事处主任协商。

4. 涉及技术区、内水和领海的经济利用的所有计划和工程须经海洋管理局会同沿海主管部门一致同意后方可批准许可。

第三部分　海洋管理

第一节　海洋管理局的组织

第三十八条

海洋管理局的主管人员包括：

1. 运输和海洋经济部部长；

2. 海洋管理办事处主任，即地方海洋管理局的主管人士。

第三十九条

1. 海洋管理办事处主任从属于运输和海洋经济部部长。

2. 海洋管理办事处主任由运输和海洋经济部部长任命或解雇。海洋管理办事处副主任由海洋管理办事处主任提名，由运输和海洋经济部部长任命或解雇。

3. 海洋管理办事处主任应行使其协助海洋管理办事处的职能。

4. 原则上，海洋管理办事处的组成应具体包括海洋监察员、大港口海港控制办公室和小港口的水手长办公室。

第四十条

1. 海洋管理办事处须由运输和海洋经济部部长经法令决定设立或废除。

2. 运输和海洋经济部部长应通过法令决定海洋管理办事处主任及其总部的活动区域范围，但须获得地方政府意见后方可。

3. 运输和海洋经济部部长应通过法令决定海洋管理办事处的体制和海洋管理办事处主任的具体活动范围。

第四十一条

1. 由海洋管理局雇用的专门类别的管理人员在行使其职能时须穿着服务制服。

2. 运输和海洋经济部部长应通过法令，明确须着制服的工作人员的分类、工作方式及所述制服的样式。

第二节　管辖权范围及领土范围

第四十二条

1. 海洋管理局应对受本条或其他条文限制的涉及海洋利用的政府行政管理范围内的事务进行管理。

2. 一般情况下，海洋管理局管理的事项涉及如下方面：

（1）海上航行安全；

（2）海上航线和大小海港的使用；

（3）海洋捕捞管理和其他海水生物资源的开发；

（4）涉及对海床上的矿物资源进行调查、勘探和开发的安全；

（5）保护海洋环境，禁止因海洋利用、废物或其他化学物质倾倒而造成的污染；

（6）在海洋中挽救生命，水下作业和资源开发；

（7）专家提供技术监督；

（8）技术和施工监控；

（9）保护大、小海港，防止火灾；

（10）对以下决定进行协调，包括按照水利法规定的许可的颁发和在技术区、大小海港、内水和领海内施工许可的颁发，以及涉及上述区域的经济利用的决定，但法律另有规定的除外；

（11）技术区内的海岸防御工事、沙丘和防护林的建设、维护和保护。

3. 海洋管理局应致力于涉及第 1 款和第 2 款事项中的国际合作领域的事务。

4. 对于第 2 款第（10）、第（11）项决定的补偿措施应在获得地方自治政府主管部门意见之后予以执行。

第四十三条

对于涉及海洋管理局管辖权和在管理程序过程中决定的事项，一审结果应由海洋管理办事处主任宣布，但一审机关是运输与海洋经济部的除外。

第四十四条

1. 海洋管理局应在波兰的海域、大小海港、技术区作业，但法律另有规定的除外。

2. 海洋管理局也有权执行国际条约和波兰的法律规定的公海任务。

第四十五条

1. 根据第五条第 4 款的规定，除军事港口外，海港在沿海一侧的边界及其停泊处应由运输与海洋经济部部长作出规定，但须经其他相关部门的部长同意。

2. 海洋管理办事处主任经获得社区主管委员会和国家边防主管部门的意见后，应对小港口的界限作出规定。

3. 国防部部长须与运输和海洋经济部部长商定军用港口的界限。

第四十六条

经国防部部长和内政部部长同意，运输和海洋经济部部长应对海洋管理办事处与海军、边防部队在第四十二条所述内容范围内的事项进行协作后作出决定。

第三节　地方海洋管理局发布的规章

第四十七条

1. 海洋管理办事处主任应基于法律授予的权利发布法律规章。

2. 根据第四十八条,涉及第 1 款的规章应通过决议的形式发布。

3. 海洋管理办事处主任发布的决议须通过地方政府公报明示。该政府公报须具备发布上述有关海洋事务管理的决议的资格。

4. 海洋管理办事处发布的决议在其发布期满 14 日后生效,但法律另有规定或者该决议另有规定的除外。

第四十八条

1. 对于没有标准化的规范的情况下,为在海中保护生命、健康、财产或者保护海洋环境之目的,海洋管理办事处主任可以设立包括关于行为的禁令和命令的一般规章。

2. 涉及第 1 款的普通规章应以普通决议的形式发布。

3. 普通决议的适用范围应规定在其中。

4. 普通决议应在确立时而不是在发布后生效,具体见第 5、第 6 款规定。

5. 普通决议应以地方政府公报上的公告为准。该政府公报须具备发布上述有关海洋事务管理的决议的资格。

6. 若一项普通决议须立即生效,则可通过在其执行地区以公告、广播或者任何在海上航行或相关位置能够普遍接收的传播形式发布,以上述形式发布普通决议的日期则为其公告日期。

7. 以第 6 款规定的形式发布的普通决议应在省级官方公报上公布。

第四节　监督权的行使

第四十九条

地方海洋管理局对于是否遵守法律规定应行使监督权。

第五十条

1. 在波兰海域,海洋监察员执行第四十二条规定的任务时,享有如下权利:

(1)核实船舶是否有从事其作业项目的资格以及是否获得法定执照。

(2)核实进行中的航行、捕捞或者其他活动是否遵守生效的波兰法律规定或者国际条约。

（3）查明由海洋作业引起的海洋环境污染及其人为原因。

2. 海洋监察员应与边防部队合作行使第 1 款规定的权利,利用边防部队的力量和手段。

3. 当某辖区内隶属边防部门的水运单位的甲板上未设置监察员,则上述边防行为应自然地代表地方海洋管理局,并依照第 1 款规定的相关权利进行。

4. 调用边防部队的工具的权利由海洋管理办事处享有,行使涉及第 1 款规定的权利须与运输和海洋经济部部长和内政部部长达成一致意见后方可。

5. 本条第 3 款规定的海洋监察员的监察权由边防水运单位的指挥官享有,比照适用第五十一条和第五十二条第 1 款。

第五十一条

海洋监察员(下文称"监察员")行使的职能如下:

1. 审查在波兰海域的海洋捕捞或其他活动的授权文件。

2. 审查打捞装置以及甲板上、加工室和货仓内的鱼。

3. 保护被遗弃的鱼和渔具。

4. 在有足够理由怀疑被监察对象正在或已经违反法律或规章的情况下,可以要求其作出解释,或对其采取以下必要的检查措施:

（1）保留第 1 款提及的授权文件。

（2）没收并保全鱼和渔具。

（3）检查在波兰海域正在或已经用于捕鱼或其他开发作业的船舶的隔离室。

第五十二条

1. 在有足够理由怀疑被监察对象正在或已经违反法律或规章的情况下,监察员可以通过必要手段检查位于波兰海域的外国船舶,并强制其进入指定港口。

2. 当有外国船舶停靠在波兰港口时,地方海洋管理局应立即向船旗国管理当局通告。

3. 关于保护海洋环境、禁止船舶污染方面的检测,由其他法律规定。

第五十三条

1. 船舶驶入波兰海域时,船舶指挥官应根据边防水运单位发出的信号停船并接受检查。

2. 在波兰海域作业的船舶的甲板上须设置监察员。

3.甲板上设有监察员时,上述船舶的指挥官须保证监察员能够进行合法性审查以及监视进行中的活动,具体如下:

(1)提供必要的解释;

(2)提交必要的单证和航海日志,以备核查;

(3)保证监察员查看捕捞的鱼、渔具、研究设备和在进行研究和分析过程中的采样;

(4)保证监察员登记航海日志;

(5)保证监察员使用通信工具,帮助其收发信息;

(6)按照法律规定,为监察员执行检查措施提供所有其他必要的帮助;

(7)若监察员在其船上停留时间延长,须提供必需的住处和食物。

第五十四条

监察人员在行使其职能时应穿着制服、佩戴徽章。

第四部分　罚　　款

第五十五条

1.在波兰海域,船舶进行如下活动将被视为违反本法令或其他法律的规定或规章:

(1)开发海洋中的矿物资源和生物资源;

(2)污染海洋环境;

(3)进行关于海洋和海床的科学研究;

(4)建设人工岛屿、设施和结构;

(5)铺设海底电缆和管道。

若有违反,船舶将被处以相当于最高 100 万美元记账单位的罚款,此权利被称为"特别提款权"(SDR),由国际货币基金组织规定。

2.违法行为涉及建造人工岛屿、设施和结构以及敷设海底电缆和管道的,应被处以相等的罚款。

第五十六条

实施以下行为者,应被处以不超过 10 倍的平均月收益的罚款,该月收益按照统计中心主席公布的上一年国有产业平均月收入数据进行计算:

（1）在指定地点以外的地方泊船或下锚；

（2）偏离航线航行或者未能遵循主管当局指定的航线；

（3）驶入封闭区，在此区域内航行、捕捞或设置捕鱼设备；

（4）无视禁令驶出港口；

（5）未在指定地点装卸货物；

（6）建造连接海岸的设施，对航行安全造成威胁；

（7）在非法地点停放船舶；

（8）违反海关、财政、移民或者卫生的相关法规让人上船或者下船；

（9）违反第四十七条和第四十八条法律的行为；

（10）未遵照第五十二条第 1 款的规定；

（11）破坏海岸防御工事、沙丘、防护林或者以任何手段违反技术区的行为准则；

（12）破坏或者移除航行标志，或不按照其本来用途使用；

（13）安置运转设备，减弱航行标志系统的效力。

第五十七条

1. 关于第五十五条和第五十六条的罚款，应由海洋管理办事处主任通过行政处罚的方式进行处理。

2. 对于第 1 款中涉及的决定的投诉，可以向运输和海洋经济部部长提出。

3. 第 1 款的决议一经做出，立即执行。

第五十八条

1. 如果上述行为做出已满 5 年，则不能对其进行罚款。

2. 如果对某一行为进行罚款的最终决定作出已满 5 年，则该罚款的决定不得再进行更改。

第五十九条

1. 为保障罚款的征收，海洋管理办事处主任可以要求违法者提供担保；遭到拒绝时，应行使强制执行权，扣押及没收用于违法行为的船舶或其他物品。

2. 在扣押船舶的命令暂未发布期间，海洋管理办事处主任可以安排扣押该船舶，但不得超过 48 小时。

3. 罚款的担保包括在诉讼过程中将当局规定的支付金额打入其金融账户或者提供总部在波兰的银行或保险公司的银行担保。

4. 根据第五十五条和第五十六条的规定，罚款未在规定日期内付清的，应按照行政管理中强制执行的规定一并征收罚款和在延迟期间产生的利息。

第六十条

所有罚款应归运输和海洋经济部部长管理,并用于海洋环境和海洋生物资源的保护。

第五部分　现行条款修正案

第六十一条

删除 1963 年 5 月 21 日法令中关于海洋捕捞的规定,其中包括第七节内容(Dziennik Ustaw 第 22 号,第 115 项;1970 年,第 3 号,第 14 项;1977 年,第 37 号,第 163 项)。

第六十二条

对《程序法典》中涉及违法行为的事项作了以下修正:

1. 在第十三部分的标题中,删除"海洋和"。

2. 在第四十三条中:

(1)在第 1 款中,删除"海洋办事处和"。

(2)对第 2 款作如下修订:"2. 一审机关应为地方矿业办事处委员会或同级矿业委员会,二审机关应为高级矿业办事处委员会。"

3. 删除第一百四十四条第 2 款。

4. 删除第一百四十五条中的"海洋办事处和"。

5. 删除第一百四十六条。

6. 删除第一百四十七条第 1 款和指定的第 2 款。

7. 删除第一百四十八条。

8. 删除第一百四十九条中的"海洋管理和"。

9. 在第一百五十条中:

(1)在第 1 款中,删除"与航运部部长和"。

(2)在第 2 款中,删除"分别的,与航运部部长和"。

10. 在第一百五十一条中:

(1)对第 1 款作如下修订:"1. 对于矿业办事处委员会的活动的高级监督权由高级矿业办事处主席行使。"

(2)在第 2 款中,删除"航运部部长和",并且将"可以"由复数形式改为单数形式。

第六十三条

删除 1971 年 5 月的法令中关于委员会的构成涉嫌违法事项的规定（Dziennik Ustaw 第 12 号，第 118 项；1972 年，第 49 号，第 312 项；1974 年，第 24 号，第 142 项；1975 年，第 16 号，第 91 项；1982 年，第 45 号，第 291 项；1989 年，第 35 号，第 192 项；1990 年，第 43 号，第 251 项），其中包括第二条第 1 款第 2 小段和第 5 小段。

第六十四条

对 1974 年 11 月 24 日的法令——《水利法》（Dziennik Ustaw 第 38 号，第 230 项；1980 年，第 3 号，第 6 项；1983 年，第 44 号，第 201 项；1989 年，第 26 号、第 139 号和第 35 号，第 192 项；1990 年，第 34 号，第 198 项，第 39 号，第 232 项）的第五十五条第 2 款第（7）项作如下修订："（7）在技术区和海港里液体或固体废物的堆积——与有权海洋办事处主任的工作进行协调。"

第六十五条

删除 1977 年 12 月 17 日的法令中涉及波兰海洋渔业控制水域的内容规定（Dziennik Ustaw 第 37 号，第 163 款），其中包括第一条、第二条第 1 款和第 2 款，以及第三条至第九条。

第六部分　过渡条款和最后条款

第六十六条

未达到法令生效日期，但涉及违反其规定的有关事项被提交到海洋管理办事处委员会进行讨论的，应由上述委员会依照到现在为止已生效的规定进行处理，直至其具有法律效力为止。

第六十七条

1. 关于第十六条第 1 款的条约：

（1）波兰人民共和国和苏维埃社会主义共和国联盟之间在波罗的海关于领海、经济区、渔业控制水域以及大陆架的界限的划定条约，在 1985 年 7 月 17 日签署于莫斯科（Dziennik Ustaw，1986 年，第 16 号，第 85 项）。

（2）波兰人民共和国和瑞典王国之间关于大陆架和渔业控制水域的界限的划

定条约,在 1989 年 2 月 10 日缔结于华沙(Dziennik Ustaw 第 54 号,第 323 项)。

（3）波兰人民共和国和德意志民主共和国之间在波美拉尼亚湾关于海运区的界限的划定条约,在 1989 年 5 月 22 日签署于柏林(Dziennik Ustaw 第 43 号,第 233 项)。

2. 在波兰人民共和国和丹麦王国之间缔结关于海运区的界限划定条约期间,1977 年 12 月 17 日法令中第二条第 3 款和第 4 款涉及波兰海洋渔业控制水域的内容(Dziennik Ustaw 第 37 号,第 163 项)继续有效,但本条提及的术语"海洋渔业控制水域"应被理解为"波兰专属经济区"。

第六十八条

自本法令生效之日起 6 个月内,海洋管理办事处主任应在有关省级官方公报上发布通告,公布本法令生效之日前颁布的、在其效力范围内具有普遍约束力的法律法规清单。未列出的规章应失去法律效力。

第六十九条

若本法令中规定的实施条例尚未发布,现行规则应继续有效,但与待发布的该法令规定相反的情况除外。

第七十条

下列规定应失去法律效力:

1. 1955 年 2 月 2 日涉及地方海洋管理局的法令(Dziennik Ustaw 第 6 号,第 35 项;1961 年,第 6 号,第 42 项;1971 年,第 12 号,第 117 项;1989 年,第 35 号,第 192 项);

2. 1977 年 12 月 17 日涉及波兰共和国领海的法令(Dziennik Ustaw 第 37 号,第 162 项);

3. 1977 年 12 月 17 日涉及波兰共和国大陆架的法令(Dziennik Ustaw 第 37 号,第 164 项;1989 年,第 35 号,第 192 项)。

第七十一条

本法令于 1991 年 7 月 1 日生效。

L. 瓦文萨

波兰共和国主席

罗马尼亚
Romania

关于建立罗马尼亚内水、领海以及毗连区法律制度的法案*
（1990 年 8 月 7 日）

第一章　罗马尼亚领海与内水

第一条

罗马尼亚的领海从基线量起，宽度为 12 海里（22 224 米），为与罗马尼亚海岸连接的海洋区域，或在适用情况下包括内水。

基线为沿海岸的低潮线，或在适用情况下是连接海岸上最有利点之间的直线基线，包括岛屿海岸、系泊地、水利工程以及其他永久性港口设施。

直线基线各点的地理坐标在附录中标明。

领海外部界限为距基线最近点为 12 海里的各点的连线。

＊翻译由联合国秘书处提供。1991 年 6 月 5 日以罗马尼亚语和法语向秘书处送交普通照会；1990 年 8 月 9 日在官方公报上发表。

第二条

罗马尼亚的领海范围受到与罗马尼亚订立相关条约的邻国之领海的限制,且不能与国际法的原则和标准相抵触。

第三条

罗马尼亚领海的外部界限和侧部界限构成罗马尼亚的海上国界。外部界限与侧部界限的有关内容参照本法第一条和第二条之规定。

第四条

海岸与基线之间的水域为罗马尼亚的内水。基线的有关内容参照本法第一条之规定。

第五条

内水、领海及其海床和底土,以及它们的上空皆为罗马尼亚领土的一部分。

根据罗马尼亚国内法和罗马尼亚加入的国际条约,参照国际法的原则和标准,罗马尼亚对上述空间享有主权。

第二章　罗马尼亚的毗连区

第六条

罗马尼亚的毗连区为与领海连接的区域,其范围是从本法第一条所规定的基线量起,距离海岸 24 海里的海域。

第七条

在毗连区,罗马尼亚对违反本国海关、财政和卫生的法律、法规以及相关穿越国境的违法行为享有阻止及处罚的控制权。

第三章　领海的无害通过

A 节　所有外国船舶适用的规则

第八条

外国船舶在罗马尼亚领海的无害通过权须依照本法和其他生效的法律规定,且应符合国际法的一般惯例。

"通过"是指为了下列目的通过领海的航行：

1.穿过领海但不进入内水或停靠内水以外的泊船处或港口设施。

2.驶往或驶出内水或停靠这种泊船处或港口设施。

通过应持续不停和迅速进行。船舶应按照海图和航运文件中详细指明的推荐航线、航道和道次航行。

除船舶急需导航，或者由于不可抗力为救助遇险的人员，或为遇险或遭难的船舶或飞机提供帮助外，船舶的无害通过不包括停船或下锚。

第九条

外国船舶的通过只要不损害沿海国的和平、良好秩序或安全，就是无害的。

如果外国船舶在领海或内水内进行下列任何一种活动，其通过即应视为损害本国的和平、良好秩序或安全：

1.对罗马尼亚的主权、领土完整或政治独立进行任何武力威胁或使用武力，或以任何其他违反国际法原则的方式进行武力威胁或使用武力；

2.以任何种类的武器进行任何操练或演习；

3.任何目的在于搜集情报使本国的防务或安全受损害的行为；

4.任何目的在于影响本国防务或安全的宣传行为；

5.在船上发射、降落或接载任何飞行装置；

6.在船上发射、降落或接载任何军事装置、潜水员、潜艇及其他水下运载工具，或者任何其他能够从事水下研究的装置；

7.违反本国法律和法规，上下任何商品、货币或人员；

8.任何故意和严重的污染水体或空气行为；

9.任何捕鱼活动；

10.任何科学或考古性研究或水文测量调查；

11.任何违反有关无线电通信领域的国际法规，目的在于干扰本国任何通信系统或任何其他设施或设备的行为；

12.与通过没有直接关系，或者违反本法之规定的任何其他活动。

第十条

任何装载核武器、化学武器或大规模杀伤性武器，运输核武器、化学武器或大规模杀伤性武器或弹药，以及装载、运输其他罗马尼亚法律所禁止的商品、物品的船舶,不得进入罗马尼亚的领海、内水和港口设施。

第十一条

外国核动力船舶在进入罗马尼亚泊船处或者港口设施前须获得罗马尼亚主管当局的事先批准。该事先批准的申请应在距进入当天 30 天之前提出。

第十二条

外国核动力船舶和运载放射性物质或其他危险物质的外国船舶,在行使无害通过领海的权利时,应持有国际协定为这种船舶所规定的证书并遵守该国际协定所规定的特别预防措施。

第十三条

对核动力船舶和运载放射性物质或其他物质的船舶的安全证书检查、计量测定检查以及其他以保护环境为目的的检查应当在专门地点由罗马尼亚主管当局进行。在上述船舶停入港口设施或泊船处时,罗马尼亚当局可能采取附加措施。

如果检查结果显示受检查的船舶会导致危险的后果,则罗马尼亚职能部门可命令相关船舶在规定的时间内驶离罗马尼亚的领海。

第十四条

行使无害通过领海权利或在港口设施或道路上被拦截的外国船舶,只能出于航行安全和停泊的需要,按照《国际电信公约》所附无线电条例规定的规则和程序,使用无线电导航设备、水声设备和无线电通信设备、电子和光学观测系统与港口设施当局进行通信,并与罗马尼亚地面站进行清晰或使用代码的无线电通信。

第十五条

罗马尼亚主管当局可以采取任何方法阻止任何违反涉及外国船舶准入本国内水的生效法规的行为,且应当采取包括强制措施在内的一切法律手段,阻止任何外国船舶进入本国内水,或者非无害通过本国领海。

第十六条

当为确保本国国家安全或者执行军事演习时,罗马尼亚主管当局可以在特定海域临时停止外国船舶的无害通过。

上款所称的停止无害通过的手段应当在罗马尼亚主管当局发布的《航海通告》内公布。

B 节　用于商业目的的外国船舶的适用规定

第十七条

罗马尼亚的刑事管辖权适用于在罗马尼亚领土范围内,发生在用于商业目的的外国船舶上任何人的有关违法行为,也适用于外国船舶在罗马尼亚海港或内水时,发生在该船舶上的任何违法行为。

罗马尼亚的刑事管辖权不得适用于发生在通过本国领海的用于商业目的的船舶上的违法行为,但是下列情形除外:

1. 该违法行为由罗马尼亚国民或者定居在罗马尼亚的无国籍人所做出;

2. 该违法行为直接损害罗马尼亚国家利益或者损害罗马尼亚国民以及居住在罗马尼亚领土内的人的利益;

3. 该违法行为具有扰乱本国良好秩序及安宁,或者扰乱本国领海秩序的本质;

4. 罗马尼亚行使刑事管辖权是取缔违法贩运麻醉药品或精神药物所必要的;

5. 船长或船旗国外交代表或领事官员书面请求地方当局予以协助。

第十八条

罗马尼亚的刑事管辖权也适用于在用于商业目的的船舶上的自然人所实施的违反罗马尼亚黑海专属经济区现行法律且触犯罗马尼亚刑法的情形。

第十九条

如果船舶的船旗国同为罗马尼亚加入的领事条约或其他类似协议的成员国,则罗马尼亚在行使刑事管辖权时,应充分考虑该条约或协议的规定。

第二十条

罗马尼亚主管当局在行使管辖权时,可根据现行法律规定,下令扣押或拘捕罗马尼亚领海和内水的用于商业目的的外国船舶,以确保其履行合同义务或有关船舶在罗马尼亚领海通过期间或与通过罗马尼亚领海有关的其他义务,以及承担因航行事故造成船舶或货物损坏或因登船、协助或救助而发生的其他索赔以及赔偿、费用等。

C 节　军舰、潜艇、其他潜水器以及其他用于非商业目的的政府船舶适用的规则

第二十一条

非经罗马尼亚政府的事先批准,外国军舰、潜艇、其他潜水器以及其他用于非商业目的的政府船舶不得进入罗马尼亚领海、港口及泊船处,但其遭受损害或为了躲避风暴的情况除外。

除罗马尼亚与船旗国达成其他协议的情况外,上述事先批准的申请应在距通过领海或停靠港口及泊船处当天 30 天之前提出。

第二十二条

在通过领海时,潜艇和其他潜水器须在海面上航行并展示其旗帜。在水下的潜艇和其他潜水器须浮出海面。如果因为受到损害不能浮出海面,则该潜艇和其他潜水器须以任何可能的方式通过信号标明其所在的位置。

第二十三条

如果外国军舰在领海或内水不遵守罗马尼亚相关法律和法规,而且不顾罗马尼亚向其提出遵守法律和规章的任何要求,罗马尼亚可要求该军舰立即离开本国领海。

第二十四条

船旗国应当对其处于罗马尼亚港口、内水及领海的军舰,用于非商业目的的政府船舶以及属于该军舰或船舶工作人员的个人造成的任何损失及损害承担国际责任。

第二十五条

根据 A 节所规定的例外情况以及本法第二十一条至二十四条所规定的内容,外国军舰、用于非商业目的的政府船舶在罗马尼亚港口、内水以及领海内享有主权豁免权。

第四章　领海外的紧追权

第二十六条

罗马尼亚方如果有充分理由认为处于罗马尼亚水域、内水、领海或毗连区

的外国商船违反了罗马尼亚法律和法规,则可对该外国商船行使领海外的紧追权,以及为确定其责任而扣留该外国商船。

紧追权可适用于处于罗马尼亚内水、领海和毗连区的外国船舶及其备用艇。

紧追权适用于外国船舶不遵守停船的命令的情形。紧追可持续不间断地行使,直至被紧追的船舶进入其本国领海或第三国领海。

为了对根据本条规定扣留的船舶进行调查和处罚,罗马尼亚方可将该船舶押送至最近的罗马尼亚港口。

如果不能对在罗马尼亚领海外受到扣押的船舶证明紧追权的合法性,则应对该船舶因此行为遭受的损失和损害进行补偿。

第二十七条

前条所规定的紧追权适用于外国商船违反有关罗马尼亚黑海专属经济区的法律的情形。

前款规定的紧追权仅适用于有关外国船舶或其备用艇处于罗马尼亚内水、领海以及专属经济区之内的情形。

第五章　罗马尼亚领海内的科学研究

第二十八条

在罗马尼亚领海内的科学研究行为、相关勘探行为和制定海上贸易法规的行为,根据既定方案和罗马尼亚主管当局的意见,应由罗马尼亚的专门机构行使。

第二十九条

在获得罗马尼亚主管当局的明示许可,符合该主管当局规定的条件后,外国个人或法人方可在罗马尼亚领海内进行科学研究活动。

第六章　海洋环境保护

第三十条

罗马尼亚主管当局应制定法规,防止、减少和控制对包括海岸在内的海洋环境的污染,确保该法规同样适用于罗马尼亚港口设施、内水及领海。

第三十一条

根据现行法律,禁止从船舶或其他漂流或固定设施、飞行装置或陆地来源向内水及领海或其上的空间倾倒、释放任何有毒物质、有毒物质残余物、放射性物质、烃类物质或其他任何危害、威胁人类健康及海洋生物的物质,以及任何其他可能对罗马尼亚海岸线造成损害或阻碍罗马尼亚合法利用海洋资源的残余物、材料。

第三十二条

如果足够理由相信处于罗马尼亚内水或领海的商船违反了罗马尼亚或国际上关于防止、减少和控制对包括海岸在内的海洋环境的污染的法律规定,则罗马尼亚主管当局有权要求该船舶出示针对其行为的信息。如果该船舶拒绝出示信息,或者所出示的信息与实际情况明显不一致,则相关主管当局有权针对其行为采取实物检查措施。

第三十三条

如果有明确的客观证据表明处于罗马尼亚内水或领海的商船违反本法第三十条至三十一条的规定,释放放射性物质、烃类物质、其他物质及残余物,对罗马尼亚海岸线或任何内水及领海资源造成严重损害或有严重损害之虞,则罗马尼亚主管当局可依据罗马尼亚法律对该船舶进行扣留并对该违法行为提起诉讼。

第三十四条

如果在内水或领海发生船舶碰撞、触礁或其他损坏船舶的事项,可能对罗马尼亚内水、领海或海岸线造成损害结果,则罗马尼亚主管当局可以采取一切与损害或危险相称的必要措施,防止损害结果或危险的发生。

第七章　处罚措施

第三十五条

下列行为如果不构成犯罪,则应认定为违法:

1. 违反第十条中的禁止性规定;

2. 违反第三十一条的相关规定,从船舶或其他漂流或固定设施、飞行装置、潜水器向内水及领海或其上的空间倾倒、释放任何有毒物质、有毒物质残余物、放射性物质、烃类物质或其他任何危害、威胁人类健康及海洋生物的物

质,以及任何其他可能对罗马尼亚海岸线造成损害或阻碍罗马尼亚合法利用海洋资源的残余物、材料,或者非法引进上述危险物质;

3.工业捕鱼或者任何其他涉嫌非法开发利用罗马尼亚内水、领海及其海床和底土自然资源的行为;

4.在内水或领海使船沉没,或将船舶驶向海岸边;

5.未经罗马尼亚主管当局许可,将核动力船舶驶入罗马尼亚港口;

6.未能出示规定船舶运输放射性或有毒物质或其他危险物质的国际协议所要求的证书,未能采取上述协议要求的预防措施;

7.未经罗马尼亚主管当局授权或违反相关授权所进行的科学研究行为,在罗马尼亚内水或领海进行勘探或其他行为;

8.在港口或官方授权的地点外装载、卸载人员或货物;

9.非经授权进入已经声明关闭的港口,或进入已经暂停给予无害通过权的领海区域;

10.违反第十四条的限制性规定;

11.违反第九条第5、第6、第11款的禁止性规定;

12.未遵守罗马尼亚主管当局制定的关于在内水或领海安全航行、保护长途通信电缆和海底隧道的法律。

上述第1至第7款的违法行为得处以10万到200万列伊的罚款。第8至第12款的违法行为得处以1万到500万列伊的罚款。处罚的执行地为违法行为的发生地。

第三十六条

如果第三十五条第1至第7款的违法行为造成了严重后果或死亡后果,或该违法行为反复实施,则处以100万到200万列伊的罚款。

涉及第三十五条第2、第3款的违法行为,根据其造成结果的严重程度以及损害的影响范围,处罚金额可达200万到1000万列伊。

在违法非常严重的情况下,罗马尼亚主管当局可对实施违法的人处以没收其船舶、设施、捕鱼用具、仪器或其他物品的处罚,以作为附加处罚适用。

非法获取的物品须予以没收。

第三十七条

涉及第三十五条第4、第8、第9、第10款的行为,如果是为了保障船舶的安全,拯救人的性命或者为避免船舶、货物遭受损害,则不认为是违法。

第三十八条

根据现行法律,违法行为的查明以及处罚的做出应当由公共工程、交通和领土管理部的航海监管及控制机构,国防部、环保部、内政部、农业和食物部、卫生部特殊授权的机构,以及其他拥有合法授权的机构来行使。

任何关于违法行为的异议应在异议提交后的 15 日内,由康斯坦察县法院中有关海洋与河流的部门进行归档。

第三十九条

根据罗马尼亚法律,对违法人员征收罚款,不能免除其由于对罗马尼亚陆地、内水及领海造成损害而应当承担的赔偿责任。

第四十条

对外国自然人或法人做出的罚款须按照违法行为发生当天官方公布的汇率将列伊转换成可兑换货币后进行缴纳。

第四十一条

1986 年第 32 号法令规定的违法行为的确立和处罚,以及该法令第二十五、第二十六和第二十七条所规定的例外,都适用于本法令第三十五条有关违法行为的规定。

第四十二条

如果由于其行为触犯罗马尼亚法律,须将船舶的船长逮捕或须将船舶扣留,则罗马尼亚主管当局应当立即通知相关措施所针对的船旗国的外交代表或领事官员。

根据现行法律,在缴纳适当充足的保证金后,应立即释放受到扣押的船舶及其全体船员。保证金的金额按照列伊计算,并应以可兑换货币进行缴纳。列伊总金额的换算应按照违法行为发生当天官方公布的汇率。

第四十三条

国防部应对本法第二十一条至第二十三条以及第二十六条、第二十七条的规定予以保障,并应为其他国家职能部门按照本法对处于领海的外国船舶实施强制措施给予援助。

第八章　最终条款

第四十四条

应将先于本法之法律规定的"领水"替换为本法第一条所规定的"领海"。

第四十五条

本法案在官方公报上公布 90 天后生效。

用于划定罗马尼亚水域的直线基线上各点的地理坐标

各点地理坐标			
分　段	点	纬　度	经　度
A	1	45°10′51″	29°45′56″
	2	45°08′42″	29°46′20″
B	2	与 A 段相同	
	3	44°50′23″	29°36′52″
C	3	低潮线	
	4		
D	4	44°46′52″	29°31′48″
	5	44°43′38″	29°03′10″
E	5	与 D 段相同	
	6	44°31′26″	28°52′20″
F	6	与 E 段相同	
	7	44°07′15″	28°41′50″
G	7	与 F 段相同	
	8	43°59′14″	28°40′09″
H	8	与 G 段相同	
	9	43°44′20″	28°34′51″

塞内加尔
Senegal

1990 年 6 月 18 日关于绘制基线的第 90 - 670 号法案

共和国总统，

考虑到《宪法》，特别是其中第三十七条和第六十五条的规定，

考虑到 1985 年 2 月 25 日领海、毗连区和大陆架划界的第 85 - 14 号法案的规定，

考虑到 1987 年 8 月 18 日制定海上渔业法典的第 87 - 27 号法案，特别是其第二条的规定，

最高法院在其 1990 年 4 月 6 日的会议上就动物资源部部长的报告发表了意见，

兹发布如下法令：

第一条

塞内加尔管辖范围内的海域（领海、毗连区、大陆架和经济区）的宽度应从本法令确定的正常基线（低潮线）和直线基线量起。

第二条

直线基线为连接如下各点形成的线：

（1）从 Langue de Barbarie 的尖端（15°52′42″N，16°31′36″W）到点 P1

（15°48′05″N,16°31′32″W）；

（2）从点 P2（14°45′49″N,17°27′42″W）到 Yoff 岛的北端（14°46′18″N,17°28′42″W）；

（3）从 Yoff 岛的北端（14°46′18″N,17°28′42″W）到 Ngor 岛的北端（14°45′30″N,17°30′56″W）；

（4）从 Ngor 岛的北端（14°45′30″N,17°30′56″W）到 Almadies 灯塔（14°44′36″N,17°32′36″W）；

（5）从 Almadies 灯塔（14°44′36″N,17°32′36″W）到 Madeleines 岛的西南端（14°39′10″N,17°28′25″W）；

（6）从 Madeleines 岛的西南端（14°39′10″N,17°28′25″W）到 Manuel 角的尖端（14°39′00″N,17°26′00″W）；

（7）从 Manuel 角的尖端（14°39′00″N,17°26′00″W）到点 Sud Goree（14°39′48″N,17°23′54″W）；

（8）从点 Sud Goree（14°39′48″N,17°23′54″W）到 Rufisque 灯塔（14°42′36″N,17°17′00″W）；

（9）从 Sangomar 的西端（13°50′00″N,16°45′40″W）到 Oiseaux 岛北端（13°39′42″N,16°40′20″W）；

（10）从 Oiseaux 岛南端（13°38′15″N,16°38′45″W）到点 Djinnak（13°35′36″N,16°32′54″W）；

（11）从点 P3（12°46′30″N,16°47′20″W）到点 P4——Oiseaux 岛北端（12°45′30″N,16°47′20″W）；

（12）从点 P4（12°45′30″N,16°47′20″W）到点 P5——Oiseaux 岛南端（12°44′50″N,16°47′20″W）；

（13）从点 P5（12°44′50″N,16°47′20″W）到点 P6——Goelette 岛南端（12°39′15″N,16°47′00″W）；

（14）从点 P6（12°39′15″N,16°47′00″W）到点 P7——点 Diemboring 上的塔（12°29′00″N,16°47′36″W）。

第三条

在其他任何地方,塞内加尔管辖海域的宽度均从低潮线量起。

第四条

陆、海、空三军部长,外交部部长,内务部部长,设备、交通和住房部部长,农村发展和供水部部长,工业和手工业部部长,动物资源部部长应在各自职责范围内负责本法令的实施。本法令将公布在官方刊物上。

1990 年 6 月 18 日于达喀尔颁布。

英　　国
United Kingdom

1987 年领海法令*
（1987 年 10 月 1 日）

本法令适用于毗邻英国岛屿的领海范围,由女王陛下颁布,经过上议院和下议院的咨询和同意,在本次议会上通过,内容如下:

领海的延伸

1.（1）根据本法令规定:

（a）英国领海宽度应为 12 海里。

（b）测量领海宽度的基线应由女王陛下颁布的枢密令确定。

（2）为了适用国际条约或其他,女王陛下将颁布枢密令,规定英国领土范围应延伸至本条第 1 款以外的其他指定的线。

（3）按照法律程序,一份由官方或国务大臣签署的按照第 1 款规定确定基线的证书,其内容效力应是不可争议的。

＊该法案已在《国家实践发展现状 Ⅱ》中出版。为方便阅读,现在此再次收录。1987 年 10 月 1 日生效。

（4）本条生效不影响 1964 年领海枢密令及 1979 年领海（修正案）枢密令的效力，正如本条第 1 款（b）项规定的一样；本条第 5 款应适用于那些其他任何法律文书。

（5）根据本法令规定，任何成文法则或法律文书（不管在本条生效前还是生效后通过颁行），只要内容包括对毗邻英国任何部分领海规定的参考（不论书面与否），均应被视为按照本条规定而生效。

（6）关于领海基线宽度测量问题，在不违背上述第（5）款规定的前提下，该款没有内容要求成文法则或文书中指定规定的距离作为领海宽度的参考。

（7）本条中，"海里"指的是国际海里，即 1 852 米。

不受规制的成文法则及法律文书

2.（1）除女王陛下颁布的枢密令另有规定，本法令第 1 条不影响任何先于该条生效的地方性法令。

（2）上述第 1 条，或任何根据第 1 条、第 1 条第（1）款制定的枢密令，均不得影响在其生效之日前制定的成文法则及法律文书关于港务局、港口卫生当局的相关内容。

（3）当原本不属于英国领海的某区域成为领海的一部分时，根据上述第 1 条或枢密令的规定，1964 年《大陆架法令》第一条第 2 款（关于煤炭权利的赋予及行使）应从该第一条或枢密令生效之日起，对该区域内有关煤炭的问题生效。

（4）上述第 1 条或其他枢密令的内容，不得影响：

（a）在其生效日之前根据 1934 年《石油（生产）法令》第六条制定的规章条例。

（b）在其生效之前根据上述 1934 年《石油（生产）法令》颁发的证书，或在其生效之时或之后，根据其他早先的规章颁发的证书。

（5）本条中，

"煤炭"与 1946 年《煤炭工业国有化法令》中的煤炭含义一致。

"港务局"指的是 1964 年《港湾法令》或 1970 年《港湾法令（北爱尔兰）》中港务局的意思；此外，"港口卫生当局"指为了 1984 年《公共健康（疾病控制)法令》目的的口岸卫生机关。

修正及废止

3.(1)附件一中提到的法令应对其中提到的修正案有效力(微小的变动以及根据本法令规定作出的间接修正)。

(2)女王陛下根据枢密令:

(a)根据本法令附件一的内容,针对上述第 1 条生效之前制定的法令或法令文书,作出相应的修正。

(b)对 1981 年《野生动物和乡村法令》第三十六条第 1 款作出修正,以将决议中指定的英国领海其他部分水域以及根据本法令附件一第 6 条中指定的其他部分包含进去。

(c)修正 1985 年《自然保护和市容土地(北爱尔兰)法令》(海洋自然保护区)第二十条第一段,以便将该法令中规定的与北爱尔兰相邻的领海其他部分包括在根据本法附件一第 9 条指定的水域和部分海域。

(3)女王陛下会利用枢密令,出于本法令条款的规定,对根据 1964 年《大陆架法令》(指定区域)第一条第 7 款制定的规章作出必要或及时的修改。

(4)本法令附件二中提及的成文法则在该附件第三栏中规定的范围内被废止。

简明目录、生效时间及范围

4.(1)本法令应被称为《1987 年领海法令》。

(2)本法令生效日应由女王陛下通过枢密令指定,不同的条款及不同的目的可能于不同时间被指定。

(3)本法令适用范围扩及北爱尔兰。

(4)女王陛下通过枢密令可以确定本法令的任何条款,通过例外、改编及修正的形式,延伸适用至海峡群岛或马恩岛。

附件一

细小及间接的修正

1949 年海岸保护法令

1.(1)1949 年《海岸保护法令》第十八条第 3 款(禁止在海岸或底部掘土等)中,"其中的向海方向"应改为"在该海岸区域向海方向,但距离测量英国领海宽度的基线 3 海里以内"。

(2)该法令第四十九条第 1 款(释义),在"抵押"的定义后应加入下述定义:"'海里'指的是国际海里,即 1 852 米。"

1971 年矿业工作(近岸装置)法令

2. 在 1971 年《矿业工作(近岸装置)法令》中,"大陆架的外国部分"定义应被下述定义代替:

"'大陆架的外国部分'指的是国家可行使有关海底、底土以及自然资源的权利的区域,或英国以外的领土。"

1975 年鲑鱼和淡水渔业法令

3. 1975 年《鲑鱼和淡水渔业法令》第六条第 1 款(在内陆或潮汐水面安装未经授权的固定发动机的罪行),在"内陆或潮汐水面"后应加入"属于水务局管辖范围"。

1979 年海关及税收管理法令

4.(1)1979 年《海关及税收管理法令》(释义)第一条第 1 款,在"转运站"后应加入以下定义:

"'英国水域'指的是任何水域(包括英国领海向海界限的内陆水域)。"

(2)在该法令第三十五条第 7 款(船舶及航空器向内的报告)中,"英国海岸 12 海里范围内"应被"在英国水域内或上方"代替。

(3)该法令中,"英国水域"应被以下代替:

(a)第六十四条第 4 款(船舶与航空器向外的清除)中,应改为"在港口范围内或英国海岸 3 海里范围内"。

（b）在第八十八条（建造的船舶、航空器或交通工具的没收等，隐藏货物）中，应改为"在任何港口的范围内，或 3 海里范围内，或英国船舶在英国沿岸12 海里内"。

（c）第八十九条第 1 款及第 2 款（船舶抛弃货物的没收）中应改为"英国海岸 3 海里范围内"。

（d）第一百四十二条第 2 款（没收较大船舶的特别条款）中，应改为"英国海岸 3 海里的范围内"。

1979 年酒类关税法令

5.（1）1979 年《酒类关税法令》中，第四条第 3 款的表格（管理法令中定义的表达），在"登记吨数"后应加入"英国水域"。

（2）该法令第二十六条第 4 款（酒精的进口及出口）中，"对于一艘英国船舶，在 12 海里的范围内，对其他船舶，则为英国海岸 3 海里范围内"应被改为"在英国水域内"。

1981 年野生动物和乡村法令

6. 1981 年《野生动物和乡村法令》第三十六条（海洋自然保护区）：

（a）第一分段中"紧邻或在英国领海向海界限内"应改为"测量英国领海宽度基线的向陆位置或这些基线向海方向 3 海里的范围内"。

（b）第七分段，在"地方政府"的定义后应加入下列定义：

"'海里'指的是国际海里，即 1 852 米。"

1982 年石油和天然气（企业）法令

7.（1）在 1982 年《石油和天然气（企业）法令》第二十二条第 6 款中"越境地区"的定义应被以下代替：

"'越境地区'指的是穿越第 4 款（a）节和（b）节水域，以及大陆架的外国部分的水域的区域。"

（2）第二十八条第 1 款"大陆架的外国部分"应被以下取代：

"'大陆架的外国部分'指的是该地区有关海底、底土以及其自然资源的权利可以被英国以外的国家或地区行使。"

1984 年公共健康(疾病控制)法令

8.1984 年《公共健康(疾病控制)法令》第六条(在该条下,为了该法令的目的,伦敦的港口不得延伸到领海以外),"暂时性的"应被"1987 年领海法令生效前即"所代替。

1985 年自然保护及市容土地(北爱尔兰)决议

9.1985 年《自然保护及市容土地(北爱尔兰)决议》(海洋自然保护区)第二十条:

(1)在第一段中,"在北爱尔兰的临海边界内或毗邻该边界"应被改为"从测量北爱尔兰领海宽度基线的向陆位置或这些基线向海方向至 3 海里处"。

(2)在第六段中,"相关主体部分"定义前应插入以下:

"'海里'指的是国际海里,即 1 852 米。"

附件二

废　止

章　节	相关法案	废止内容
1978 年《领海管辖权法案》第 41、42 章	1978 年《领海管辖权法案》	第七条,"女王陛下统治下的领海水域"的定义,包括从"为了任何犯罪的目的"到"女王陛下统治下的水域"的文字。
1967 年《海洋广播犯罪法案》第 41 章	1967 年《海洋广播犯罪法案》	第九条第 2 款
1967 年《年无线电报法案》第 72 章	1967 年《无线电报法案》	第九条第 2 款
1979 年《海关及税收管理法案》第 2 章	1979 年《海关及税收管理法案》	第一条中"海里"的定义
1979 年《酒类关税法案》第 4 章	1979 年《酒类关税法案》	第四条第 3 款,"海里"二字

1989 年第 482 号领海(界限)决议

(制定:1989 年 3 月 15 日 生效:1989 年 4 月 6 日)

1989 年 3 月 15 日,在白金汉宫御前会议呈上,女王陛下根据《1987 年领海法令》授予她的权利,在枢密院的建议下,非常高兴在此宣布以下条款:

1. 本决议应被称为《1989 年领海(界限)决议》,并于 1989 年 4 月 6 日生效。

2. 本决议附件中点 1 和点 6 之间毗邻英国领海的向海界限,应包括一系列直线,这些直线根据已有顺序将附件中的点 1 到点 6 相互连接起来。

3. 毗邻英国领海的向海界限应为从测量英国领海宽度的基线到测量英属马恩岛领海宽度的基线距离不足 24 海里处的中间线。

4. 本决议中,

(1)"直线"指的是一条横向线。

(2)所有已给坐标位置均为欧洲基准(1950 年第一次调整)确定。

(3)"中间线"指的是一条直线,其上面每一点分别距离测量英国以及英属马恩岛领海宽度的基线上面最近的点,距离相当。

5.《1987 年领海(界限)决议》在此被废止。

附　　件

点 列 表

点	位　　置
1	50°49′30″95N,01°15′S3″43E
2	50°53′47″00N,01°16′S8″00E
3	50°57′00″00N,01°21′2S″00E
4	51°02′19″00N,01°32′S3″00E
5	51°05′58″00N,01°43′31″00E
6	51°12′00″72N,01°53′20″07E

注释：

（本部分不属决议内容）

本决议规定了多佛海峡以及英属马恩岛附近毗邻英国领海的向海界限。多佛海峡的界限包括数条连接附件中各点的直线，并沿着 1988 年 11 月 2 日英国政府与法兰西共和国政府签订的关于多佛海峡领海界定的直线。英属马恩岛附近的界限为该中间线。

南斯拉夫
Yugoslavia

关于近岸海域和大陆架的法案*
（1987 年 7 月 23 日）

第一条

南斯拉夫社会主义联邦共和国（以下简称"南斯拉夫"）的主权应扩展到南斯拉夫近海海面，及于领海上空及其海床和底土。

南斯拉夫的近岸海域包括内水与领海。

第二条

在本法中所用的术语具有以下含义：

1."外国商船"指拥有外国国籍并用于商业用途的船舶，或其他任何不属于第 2 款至第 5 款规定的外国船舶；

2."外国渔船"是指具有外国国籍并配备有在海洋和海底捕捉鱼类或其他生物资源的装备的船只；

3."外国游艇"是指具有外国国籍，用于非商业用途、娱乐、运动的船舶；

4."外国军舰"指的是属于外国武装部队、具备辨别军舰国籍的外部标志、由军事人员指挥并由军事人员操作的船舶，包括潜艇；

＊发布于《南斯拉夫社会主义共和国政府公报》，第 49 号，1990 年 7 月 25 日星期六，1211—1216 页。

5."外国军舰集团"是指在一名军官的指挥下共同航行的若干艘外国军舰；

6."外国政府船舶"是指外国拥有或经营并只用于外国国家非商业目的的非军舰的船舶；

7."核动力船舶"是指核能源驱动或配备核能源的船舶；

8."科研船舶"是指配备有科学或其他勘探或开发海洋、海床及其底土的装备的船舶或其他漂浮物。

第三条

南斯拉夫的内水包括：

1.大陆和岛屿的沿岸港口和海湾；

2.河口；

3.位于大陆沿岸之间的海域及本法第十六条第二段第 2 及第 3 款中提及的领海基线。

第一段第 1 款中提及的"海湾"应是明显的水曲,其面积大于或等于以横越曲口所画的直线作为直径的半圆形的面积。

水曲的面积是位于水曲陆岸周围的低潮标和一条连接水曲天然入口两端低潮标的线之间的面积。

第四条

根据海事及内部航行规定,外国商船可通过内水停靠南斯拉夫港口进行国际海上运输,外国游艇可通过南斯拉夫内水进入别国港口。

外国商船可按最短的习惯路线在内水航行,以便靠港或离港或在对国际海上交通开放的港口间航行。

如国防或航行安全需要,负责运输和交通的联邦行政管理局可以为本条第二段中提到的船只规定内水航行的不同方式。

第五条

南斯拉夫沿海的货物和旅客的运输只可由南斯拉夫船只承运。

作为本条第一段规定的例外,联邦主管当局可根据海事及内部航行的联邦法律的相关规定批准外国船只在南斯拉夫沿海运载货物和旅客。

第六条

禁止外国军舰、外国政府船舶、外国核动力船舶、外国渔船以及外国科研船舶通过南斯拉夫的内水。外国军舰、外国政府船舶、外国渔船或外国科研船

舶进入南斯拉夫的内水停留,须事先得到批准如下:

1. 外国军舰须得到联邦国防秘书处与联邦政府外事主管部门批准;

2. 外国科研船舶须得到联邦国防秘书处与联邦政府外事主管部门及内务主管部门批准;

3. 外国政府船舶须得到负责交通运输事务的联邦行政主管部门与联邦政府外事主管部门及内务主管部门批准;

4. 外国渔船须经有关部门审批。

单一国籍的外国军舰每年获得的批准不得超过 4 次。

如果外国核舰军舰、携带核武器的外国军舰或特殊用途军舰的停留对南斯拉夫的安全构成威胁,则不得批准其访问或停留在南斯拉夫的内水。

如果外国军舰、船只或飞机或其船员在进入内部水域前立即参加,或在停留或访问结束后参加可能损害南斯拉夫的整体利益或声誉的任何军事或其他活动,则不得批准其访问或停留在南斯拉夫的内水。

第七条

如其船只、飞机或其船员进入内水之前刚刚参加或在访问或逗留内水后立即参加损害南斯拉夫整体利益或声誉的任何军事或其他活动,或不遵守本法律或其他法规规定,联邦执行委员会应拒绝批准外国军舰及外国军舰集团访问南斯拉夫的内水。

第八条

同时进入南斯拉夫内水的同一国籍的作战军舰不得超过 3 艘,辅助军用船舶不得超过 2 艘,但不含总排水量大于 10000 吨的水面舰艇和水面排水量大于 4000 吨的潜艇。

外国军舰访问南斯拉夫内水的持续时间不得超过 10 天。

作为本条第一段和第二段的法律规定的例外,出于南斯拉夫的特殊利益需要,联邦执行委员会可在个别情况下,批准外国军舰进入内水,即使其不满足上述条文规定的条件。

在访问南斯拉夫内水期间,只有外国军舰上的船员才能登船。

第九条

在事先得到联邦国防秘书处与联邦外事行政部门商定批准后,总排量不超过 10000 吨的外国水面战舰与表面排水量不超过 4000 吨的潜艇的修理工作可在南斯拉夫近海海域进行。

外国军舰的维修工作必须在联邦国防秘书处指定的军事修理厂或船厂进行。

外国军舰维修的批准必须根据本条第二段中提到的军事维修厂和船厂的时间安排和技术能力作出。

同时在联邦近海维修的同一国籍的外国军舰不得超过 3 艘。对外国军舰维修的批准应当给出维修所需的时间,但不得超过 16 个月。

作为本条第一段、第四段和第五段规定的例外,联邦执行委员会可能在个别情况下出于联邦特殊利益的需要批准维修外国军舰,即使其不满足所规定的条件。

禁止对南斯拉夫的安全构成威胁的外国核军舰、携带核武器的外国军舰和特殊用途船舶在南斯拉夫的近岸海域进行修理。

如果外国军舰上的船只或飞机或其船员在进入南斯拉夫沿海海域之前或修理完成后立即参加可能损害南斯拉夫整体利益或声誉的任何军事活动或其他活动,则不得批准其在南斯拉夫沿海海域进行修理。

如果外国军舰上的船只或飞机或其船员在进入南斯拉夫沿海海域之前或修理完成后立即参加可能损害南斯整体利益或声誉的任何军事活动或其他活动,或不遵守本法和其他条例的规定,联邦执行委员会应拒绝批准对其进行修理。

第十条

外国军舰的维修应根据联邦国防秘书处与外国军舰授权代表签订的合同进行,或根据联邦国防部长的授权,由负责销售和储备特殊用途产品的联邦组织进行。

待维修的外国军舰只能搭载修理工作所必需的船员,人数不得超过该船船员总数的 1/3。

被批准维修的外国军舰进入南斯拉夫港口后,必须立即在该港口负责修理事宜的军事指挥官为修理目的指定的地点卸下燃料和润滑油、通信和其他作战物资。

在维修期间,外国军舰的船员可以在修理船舶的港口停留和通行。应外国军舰指挥官的请求,本条第三段所称的军事指挥官经与负责管理国家边境口岸的内务部门协商,也可以允许船员个人在港口外旅行。

参加外国军舰维修的工人应在维修期间遵守南斯拉夫法规。

第十一条

外国政府船舶、外国渔船和外国科研船舶在南斯拉夫的近海维修应得到事先批准,批准条件如下:

1. 对于外国政府船舶,由负责运输和通信的联邦行政当局与负责对外事务的联邦行政当局和负责内部事务的联邦行政当局协商后批准。

2. 对于外国渔船,由联邦行政主管机关批准。

3. 对于科研船舶,由联邦国防秘书处与负责对外事务的联邦行政机关和负责内部事务的联邦行政机关商议后作出批准。

本条第一段所称外国船舶修理的批准,应当在有关船厂的自由能力和技术能力范围内进行。

外国政府船舶或外国科研船舶的维修批准,应说明需要的维修时间,该时间不得超过 16 个月。

第十二条

本法第十一条提到的对外国船舶和船只的修理应在由进行修理的有关劳工组织与外国船舶或船只授权代表签订的合同的基础上进行。

待维修的外国政府船舶或外国科研船舶上只能搭载维修工作所必需的船员,人数不得超过船员总数的 1/3。

在修理期间,本法第十一条条所述外国船舶的船员可在修理船舶的港口停留和流动。应船舶负责人的请求,负责管理国家边境口岸的内务机关也可以允许船舶船员个人在港口外旅行。

在第十一条中提到的船只维修期间,参加外国船舶维修的工人应遵守南斯拉夫法规。

第十三条

未经特殊批准,不得在南斯拉夫沿海维修外国商船和外国游艇。接收外国船舶或外国游艇维修的相关劳动机构或其他法人实体应如实向联邦主管部门报批。

第十四条

负责内政的联邦行政当局的主管官员与负责运输和通信的行政主管当局

官员商议后,可在内水指定禁止区域。

国外的船只或船舶不得通过内水禁区航行。

作为本条第二段规定的例外情况,负责内政的联邦行政当局主管官员可与联邦国防部长以及负责运输和通信的联邦行政当局主管官员达成协议,批准外国船舶或船只在内水禁航区内航行。

负责内政的联邦行政当局主管官员应与负责运输和通信的联邦行政当局主管官员达成协议,规定允许哪些国家的船舶或船只在哪些条件下通过内水禁航区。

如果内水禁区位于或紧挨航行路线,建立该区域的正式文件应在南斯拉夫官方公报上予以公布,并在联邦国防秘书处水文研究机构发布的《航海通告》中公布。

第十五条

如果由于不可抗力或事故,外国船舶或船只被迫进入南斯拉夫的内水,应将事实立即报告港口航行安全主管部门。

第十六条

南斯拉夫的领海是一条从基线量起到公海的宽度为 12 海里的海洋带。

基线的组成:

1. 沿陆地的海岸及岛屿沿岸的低潮线。

2. 封闭海湾出口的直线。

3. 连接以下陆地海岸及岛屿沿岸各点的直线:

(1)门德拉角到普拉塔穆尼角;

(2)扎鲁巴拉角到姆而坎岛的东南角 – 斯夫安德里亚岛南角 – 格鲁耶角(姆列特岛);

(3)克立兹摩里角(姆列特岛)– 格拉瓦特岛 – 普斯特鲁加(拉斯托沃岛)– 维列格莫拉角(拉斯托沃岛)– 柯皮斯特岛西南角 – 维洛丹斯(科尔丘拉岛)– 普罗伊斯德角 – 大沃德尼亚克岛西南角(德尔韦尼克马里岛)– 鼠角(达尔文尼克马力岛)– 穆洛岩 – 布里特文尼卡岩 – 普拉拉岛 – 巴伦岛 – 穆尔托瓦克岛 – 大加迈亚克岛 – 杜吉·奥托克点(坐标为 43°53′12″N,15°10′00″E);

(4)大鼠角(杜吉·奥托克)– 马莎林岩 –(舒沙克岛)– 马莎里那角(苏莎克岛)– 阿贝内兹浅滩 – 格朗也岛 – 公海上的圣伊万岩 – 姆拉摩里浅滩 –

阿尔蒂厄兹岛－卡斯坦伊牙岛。

本条第 3 款中提到的直线将绘制在题为"亚得里亚海"的海图上，S－101，比例尺为 1∶750,000，由本法第十四条第五段中提到的水文研究机构发布。海图的副本为本法令的组成部分。

在确定领海基线时，构成海港系统的不可分割部分的永久海港工程应视为海岸的一部分。

领海的外部界限为一条线，其中每一点到基线最近一点的距离都为 12 海里。

第十七条

根据本法规定的条件以及根据在本法基础上通过的条例规定的条件，所有国家的船舶都享有无害通过南斯拉夫领海的权利。

"船舶无害通过"一词应被理解为穿过南斯拉夫的领海但不进入内水、驶往或驶出内水，或为从所述水域到达公海，只要不损害南斯拉夫的和平、良好秩序或安全。

如外国军舰拟通过南斯拉夫的领海行使无害通过权，其所属国应在船只进入南斯拉夫领海前 24 小时将事实报告给外事主管部门。

如外国船只行使本条第二段中提到的无害通过权，则其通过应连续不停和迅速进行。

外国船舶的通过不包括停船和下锚，但以通常航行所附带发生的，或由于不可抗力或遇难所必要的，或为救助遇险或遇难的人员、船舶或飞机的目的为限。

第十八条

根据本公约第十七条，如果外国船舶在南斯拉夫领海内进行下列任何一种活动，其通过即应视为损害沿海国的和平、良好秩序及安全：

1. 对南斯拉夫的主权、领土完整或对南斯拉夫《宪法》建立的任何社会结构进行武力威胁或使用武力，或以任何其他违反国际法原则的方式进行武力威胁或使用武力；

2. 以任何种类的武器进行任何操练或演习；

3. 任何目的在于搜集情报使南斯拉夫的防务或安全受损害的行为；

4. 任何目的在于影响南斯拉夫防务或安全的宣传行为；

5. 在船上起落或接载任何飞机；

6. 在船上发射、降落或接载任何军事装置；

7. 违反南斯拉夫海关、财政、移民或卫生法律和规章，上下任何商品、货币或人员；

8. 违反本法规定的任何故意和严重的污染行为；

9. 任何捕鱼活动；

10. 研究或测量活动；

11. 任何目的在于干扰南斯拉夫任何通信系统或任何其他设施或设备的行为；

12. 与通过没有关系的任何其他活动。

第十九条

外国渔船在通过南斯拉夫领海期间，有义务保证其渔具或其用于捕捞海洋和海底其他生物资源的用具和设备置于船舶的货舱或妥善封存。

本条第一段中提到的外国渔船必须以不高于经济航速的最短路径穿过领海，且不得停船和下锚，但由于遇到不可抗力或遇难所必要的停泊或下锚则是允许的，并且必须明确标识为渔船。

本条第一段与第二段中的规定不适用于经允许在南斯拉夫领海指定区域内进行捕鱼的渔船。

第二十条

3 艘以上同一国籍的军舰不得同时穿过南斯拉夫领海。

外国军舰、外国油轮、外国核动力船舶和运载核物质或其他本质上危险或有毒物质的外国船舶在行使无害通过南斯拉夫领海的权利时，应使用由负责运输和通信的联邦行政当局经与联邦国防秘书处达成协议后颁布的特别条例指定的航道系统。

本条第二段中提到的航道系统须在本法第十四条第五段所指的水文研究机构发布的名为"亚得里亚海"，S–101，比例尺为 1∶750 000 的海图中绘出。

第二十一条

在南斯拉夫领海内，潜艇和其他潜水器须在海面上航行并展示其来源国旗帜。

第二十二条

联邦国防部长与负责内政的联邦行政当局负责人及负责交通和通信的联邦行政当局负责人达成协议,为保护外国船舶的安全,可能暂时中止外国船只在南斯拉夫领海指定区域的无害通过权。

联邦国防部长与负责内政的联邦行政当局负责人及负责交通和通信的联邦行政当局负责人达成协议,规定允许哪些国家的船只在何种条件下可航行通过本条第一段中规定的区域。

关于本条第一段中限制区域的正式文件以及必要的附加条款将在合适的时间在《航海通告》上予以公布。

第二十三条

南斯拉夫的大陆架包括从领海外部界限扩展到国际条约中规定界限的海底区域的海床和底土。

第二十四条

南斯拉夫为勘探大陆架和开发其自然资源及其他资源的目的,对大陆架行使主权权利。

第一段所指的"自然资源"包括海床和底土的矿物和其他非生物资源以及属于定居物种的生物,即在可捕捞阶段在海床上或海床下不能移动或其躯体须与海床或底土保持接触才能移动的生物。

第一段所指的"其他资源"是指考古学的和其他埋藏物品。

第二十五条

第二十四条第一段的权利不影响南斯拉夫大陆架上覆水域或水域上空的法律地位。

行使本条第一段所述的权利,不得侵犯或无理干涉航行、捕鱼、保护海洋生物资源或进行基础性海洋学或其他公共性质的科学研究的权利。

第二十六条

南斯拉夫的大陆架及其自然资源及其他资源的勘探与开发以及勘探开发所需的设施、结构的建设和操作必须与本法律相关条例以及基于本法律的规定相一致。

本条第一段中规定的设施及结构应当用永久性的光信号标示,在勘探中必须移除其他信号以免造成干扰。

第二十七条

参与南斯拉夫大陆架自然资源及其他资源勘探开发的承包者应在本法第二十六条中提到的设施与结构附近建立安全区,设施与结构外缘每点向外延伸不超过 500 米的区域划定为安全区。

除特殊规定外,不允许在本条第一段中提到的安全区域内航海。

本条第一段中提到的承包者需对设施及结构采取合理措施以保护海水、海床和邻近区域免受有害物质威胁。

第二十八条

不得在对用于国际航行的公认航道的使用造成干扰的区域建立第二十六条第一段提到的设施和结构以及第二十七条第一段中提到的安全区。

第二十九条

承包者应向负责相关事务的主管部门报告下列事项:航行安全、施工、光信号和其他信号的永久标记方式、本法第二十六条中提到的设施和结构的移除以及本法第二十七条第一段规定的安全区域的建立。

本条第一段中提到的主管部门须在合适时间在《航海通告》上将上述数据予以公布。

第三十条

南斯拉夫主管当局如果有充分理由认为外国船舶违反该国法律和规章,可对外国船舶进行紧追。

只有当船舶或其船只之一或作为一个小组工作的其他船只在南斯拉夫沿海海域范围内,且在其可以接收到信号的距离内接收到视觉或听觉停止信号而拒不停驶时,才可对其开始紧追。

紧追可以在公海上持续,直至被追船舶进入其本国或第三国领海时终止。

紧追权只可由南斯拉夫的军舰、军用飞机或其他有清楚标志可以识别为政府服务并经授权紧追的船舶或飞机行使。

第三十一条

实验经济犯罪行为的任何劳动组织或其他法人实体都将被处以 5000 000 ~ 10 000 000 第纳尔的罚款。

1. 勘探开发南斯拉夫大陆架自然资源时,对航行、捕鱼、海洋生物资源保护、基础性海洋研究或其他公共自然科研造成侵害或不当干扰(第二十五条);

2. 违反本法中相关条款或根据本法制定的相关规定,对南斯拉夫大陆架中的自然资源进行勘探开发(第二十六条第一段);

3. 未用光信号或其他信号在大陆架上为勘探开发自然资源建造的设施和结构上永久性标记,或未移除中断开发的设施与结构(第二十六条第二段);

4. 在南斯拉夫大陆架的自然资源或其他资源的勘探和开发中,以及在为勘探和开发南斯拉夫大陆架自然资源建立的设施和结构附近设立的安全区内没有采取适当措施保护海洋或海床及其附近地区免受有害废物的影响(第二十七条第三段);

5. 将设施和结构建在对国际航行的公认航道的使用可能造成干扰的地方(第二十八条)。

相关的劳动组织或其他法人实体的负责人也应因本条第一段所述的经济犯罪行为依法缴纳 50 000 ~ 500 000 第纳尔的罚款。

第三十二条

实施任何以下海上违规行为的外国法人(即使其在南斯拉夫境内没有营业场所)都应被处以 100 000 ~ 1 000 000 第纳尔的罚款:

1. 外国商船非出于停泊国际港口需要进入南斯拉夫内水,或外国游艇进入南斯拉夫内水时未进入国内航行及海事相关规定中指定的港口(第四条第一段);

2. 外国商船为到达或离开南斯拉夫国际交通港口在其内部水域航行或在国际港口间航行时未采用最短的习惯航线(第四条第二段);

3. 船只未经主管机关许可在南斯拉夫海域运输货物或旅客(第五条第二段);

4. 除不可抗力或危急事件外,船只未经主管机关许可在南斯拉夫内水航行(第六条);

5. 在维修期间船上仍留有超出维修工作需要数量或占船员总数 1/3 以上的人数(第十二条第二段);

6. 未经有关部门批准进入南斯拉夫内水禁区(第十四条第三段);

7. 船只被迫由于不可抗力或紧急事件进入南斯拉夫内水而未向有关部门报告其港口航行的安全问题(第十五条);

8. 外国渔船通过南斯拉夫领海时,不将其用于钓鱼或者捕捉其他海洋和海底生物资源的渔具或设备进行封存,或者不以最短路线且高于经济速度穿过南斯拉夫领海,或者并非出于不可抗力或紧急事件的原因停船和下锚,或在航行领海时未明确标识为渔船(第十九条第一段);

9. 外国潜艇在通过领海时,未露出海面展示其船旗(第二十一条);

10. 船只航行通过为勘探开发南斯拉夫大陆架的自然资源或其他资源而建造的设施和结构周围建立的安全区域内,除非该区域的通过经特殊条例授权(第二十七条第二段)。

对违反本条第一段规定的外国法人实体的负责人处以 20 000 ~ 200 000 第纳尔的罚款。

实施本条第一段所指的违规行为的外国船主或代替其登船的其他人将被处以 20 000 ~ 200 000 第纳尔的罚款或 30 天以下的监禁。

第三十三条

未经允许通过禁止区域进入内水或违反规定航行通过内水禁区的船只,其相关组织或法人实体将被处以 100 000 ~ 1 000 000 第纳尔的罚款。(第十四条第四段)。

实施本条第一段中行为的相关组织或法人实体将被处以 20 000 ~ 200 000第纳尔的罚款。

实施本条中第一段中行为的外国船主或代替其登船的人员将被处以 20 000 ~ 200 000 第纳尔的罚款或 30 天以下的监禁。

第三十四条

实施任何以下违规行为的联合劳动组织或其他法人实体将被处以 50 000 ~ 500 000第纳尔的罚款:

1. 未经报批有关部门,对外国商船或外国游艇进行维修(第十三条);

2. 未向主管港口航行安全事务的机关报告为勘探和开发南斯拉夫大陆架自然资源和其他资源而建立的设施和结构的永久标示和拆除的方式,或者不报告在上述设施和结构周围设立安全区的情况(第二十九条)。

实施本条中第一段中行为的任何联合劳动组织或其他法人实体的负责人也将被处以 10 000 ~ 50 000 第纳尔的罚款。

第三十五条

作为个体,以个人劳动形式违反本法第三十一条第一段的规定,应被处以

100 000～1 000 000 第纳尔的罚款。

对违反本法第三十一条第一段所述行为的个人，最多可处以 200 000 第纳尔的罚款。

对未经负责管理国家边境口岸的国内部门批准，在维修期间擅自进入港口区域以外的船员，最多可处以 200 000 第纳尔的罚款。（第十二条第三段）

第三十六条

联邦执行委员会规定，按照本条例，外国军舰、外国政府船舶、外国游艇和外国科研船舶可以进入南斯拉夫沿海区域并在此区域内穿越和停留，并接受维修。外国渔船穿过南斯拉夫领海时，应当按照规定将用于钓鱼或者捕捉其他海洋和海底生物资源的渔具或设备进行封存，并采用外国渔船应有的特殊标记和灯光。

第三十七条

联邦国防部长与负责内政的联邦行政当局官员商议后，应通过关于水下活动行为（水下摄影、海底勘测等）的法规。

本条第一段所指的规定可能包括出于经济原因违反此规定的相关条例。

第三十八条

本条例适用于外国游艇的规定也适用于以娱乐、运动为目的的外国船只。

第三十九条

自本条例生效之日起，关于南斯拉夫近海区域和大陆架的条例（《南斯拉夫官方公报》，第 22/65 号，第 25/70 号，第 21/74 号和第 13/79 号）停止生效。

第四十条

本条例将在南斯拉夫官方公报发布日期后第八天生效。

三、各国抗议

美　国*

United States of America

美国提及朝鲜民主主义人民共和国 1977 年 8 月 1 日发布的旨在设立军事警戒线的朝鲜人民军最高司令部公告,该军事警戒线在日本海(东海)为从其主张的领海基线量起 50 海里,在黄海(西海)与其主张的黄海专属经济区界限一致。

美国政府希望重申经国际法惯例公认并体现在 1982 年《联合国海洋法公约》中的内容:领海的最大宽度应不超过从规定的基线量起 12 海里。

美国政府希望进一步重申经国际法惯例公认并体现在 1982 年《联合国海洋法公约》中的内容:除特殊情况外,正常基线是指沿海国官方承认的大比例尺海图所标明的沿岸低潮线。直线基线只能用于海岸线极为曲折或者近岸海域中有一系列岛屿的情况下。但是,朝鲜民主主义人民共和国的海岸线在日本海(东海)上既不曲折,也没有一系列岛屿。

美国政府希望进一步重申,根据反映在《联合国海洋法公约》里的习惯国际法,不承认沿海国在和平时期为了安全目的可行使可能限制公海航行自由和领海之外的飞越自由的权力和权利。美国政府承认,1953 年,朝鲜人民军最高司令官签署的停战协定仍然有效。然而,直到停战后 23 年,即 1977 年,军事警戒线才公布,因此停战协定不能被视为证明安全区合法的依据。在这

＊美国常驻联合国代表团在 1990 年 1 月 4 日的一份照会中向联合国传达。

方面,美国指出,联合国军司令部已经告知朝鲜人民军停战协定没有规定任何一方能单方面将其权利或特权延伸到国际水域。

因此,美国政府反对朝鲜民主主义人民共和国政府在 1977 年 8 月 1 日朝鲜人民军最高司令部公告中提出的不符合国际法的要求并保留其及其国民在这方面的权利。

本照会的反对意见并不损害美国政府不承认朝鲜民主主义人民共和国政府的法律立场。

美国政府希望朝鲜民主主义人民共和国政府确信,美国上述反对意见不应被视为仅针对朝鲜民主主义人民共和国的批评,而是美国在全球范围内维护国际公认的国际社会在公海航行、飞越自由及其他利用公海的权利的努力之组成部分,也只是美国对沿海国那些不符合反映在《联合国海洋法公约》里的习惯国际法的主张而提出的系列抗议之一。

四、条约和其他官方文件

（一）全球性条约和其他官方文件

控制危险废物越境转移及其处置巴塞尔公约*

（1989 年 3 月 22 日）

序言

本公约缔约国，

意识到危险废物和其他废物及其越境转移对人类和环境可能造成的损害，

铭记着危险废物和其他废物的产生、其复杂性和越境转移的增长对人类健康和环境所造成的威胁日趋严重，

又铭记着保护人类健康和环境免受这类废物的危害的最有效方法是把其产生的数量和（或）潜在危害程度减至最低限度，

深信各国应采取必要措施，以保证危险废物和其他废物的管理包括其越境转移和处置符合保护人类健康和环境的目的，不论处置场所位于何处，

注意到各国应确保产生者必须以符合环境保护的方式在危险废物和其他废物的运输和处置方面履行义务，不论处置场所位于何处，

充分确认任何国家皆享有禁止来自外国的危险废物和其他废物进入其领土或在其领土内处置的主权权利，

又确认人们日益盼望禁止危险废物的越境转移及其在其他国家特别是在发展中国家的处置，

深信危险废物和其他废物应尽量在符合对环境无害的有效管理下，在废物产生国的国境内处置，

又意识到这类废物从产生国到任何其他国家的越境转移应仅在进行此种

＊1989 年 3 月 22 日的 UNEP/IG.80/L.12 文件，1992 年 5 月 5 日生效。

转移不致危害人类健康和环境并遵照本公约各项规定的情况下才予以许可，

认为加强对危险废物和其他废物越境转移的控制将起到鼓励其无害于环境的处置和减少其越境转移量的作用，

深信各国应采取措施，适当交流有关危险废物和其他废物来往于那些国家的越境转移的资料并控制此种转移，

注意到一些国际和区域协定已处理了危险货物过境方面保护和维护环境的问题，

考虑到《联合国人类环境会议宣言》(1972年,斯德哥尔摩)和联合国环境规划署(环境署)理事会1987年6月17日第14/30号决议通过的《关于危险废物环境无害管理的开罗准则和原则》、联合国危险物品运输问题专家委员会的建议(于1957年拟定后,每两年订正一次)、在联合国系统内通过的有关建议、宣言、文书和条例以及其他国际和区域组织内部所做的工作和研究，

铭记着联合国大会第三十七届(1982年)会议所通过的《世界大自然宪章》的精神、原则、目标和任务乃是保护人类环境和养护自然资源方面的道德准则，

申明各国有责任履行其保护人类健康和维护环境的国际义务并按照国际法承担责任，

确认在一旦发生对本公约或其任何议定书条款的重大违反事件时,则应适用有关的国际条约法的规定，

意识到必须继续发展和实施无害于环境的低废技术、再循环方法、良好的管理制度,以便尽量减少危险废物和其他废物的产生，

又意识到国际上日益关注严格控制危险废物和其他废物越境转移的必要性,以及必须尽量把这类转移减少到最低限度，

对危险废物越境转移中存在的非法运输问题表示关切，

并考虑到发展中国家管理危险废物和其他废物的能力有限,并确认有必要按照开罗准则和环境署理事会关于促进环境保护技术的转让的第14/16号决定的精神,促进特别向发展中国家转让技术,以便对于本国产生的危险废物和其他废物进行无害管理，

并确认应该按照有关的国际公约和建议从事危险废物和其他废物的运输，

并深信危险废物和其他废物的越境转移应仅仅在此种废物的运输和最后

处置对环境无害的情况下才给予许可,

决心采取严格的控制措施来保护人类健康和环境,使其免受危险废物和其他废物的产生和管理可能造成的不利影响。

兹协议如下:

第一条 本公约的范围

1. 为本公约的目的,越境转移所涉下列废物即为"危险废物":

(1)属于附件一所载任何类别的废物,除非它们不具备附件三所列的任何特性;

(2)任一出口、进口或过境缔约国的国内立法确定为或视为危险废物的不包括在第(1)项内的废物。

2. 为本公约的目的,越境转移所涉载于附件二的任何类别的废物即为"其他废物"。

3. 由于具有放射性而应由专门适用于放射性物质的国际管制制度包括国际文书管辖的废物不属于本公约的范围。

4. 由船舶正常作业产生的废物,其排放已由其他国际文书作出规定者,不属于本公约的范围。

第二条 定义

为本公约的目的:

1."废物"是指处置的或打算予以处置的或按照国家法律规定必须加以处置的物质或物品;

2."管理"是指对危险废物或其他废物的收集、运输和处置,包括对处置场所的事后处理;

3."越境转移"是指危险废物或其他废物从一国的国家管辖地区移至或通过另一国的国家管辖地区的任何转移,或移至或通过不是任何国家的国家管辖地区的任何转移,但该转移须涉及至少两个国家;

4."处置"是指本公约附件四所规定的任何作业;

5."核准的场地或设施"是指经该场地或设施所在国的有关当局授权或批准从事危险废物或其他废物处置作业的场地或设施;

6."主管当局"是指由一缔约国指定在该国认为适当的地理范围内负责接收第六条所规定关于危险废物或其他废物越境转移的通知及任何有关资料

并负责对此类通知作出答复的一个政府当局；

7."联络点"是指第五条所指一缔约国内负责接收和提交第十三条和第十五条所规定的资料的一个实体；

8."危险废物或其他废物的环境无害管理"是指采取一切可行步骤,确保危险废物或其他废物的管理方式将能保护人类健康和环境,使其免受这类废物可能产生的不利后果；

9."在一国国家管辖下的区域"是指任何陆地、海洋或空间区域,在该区域范围内一国按照国际法就人类健康或环境的保护方面履行行政和管理上的责任；

10."出口国"是指危险废物或其他废物越境转移起始或预定起始的缔约国；

11."进口国"是指作为危险废物或其他废物进行或预定进行越境转移的目的地的缔约国,以便在该国进行处置,或装运到不属于任何国家管辖的区域内进行处置；

12."过境国"是指危险废物或其他废物转移中通过或计划通过的除出口国或进口国之外的任何国家；

13."有关国家"是指出口缔约国或进口缔约国,或不论是否缔约国的任何过境国；

14."人"是指任何自然人或法人；

15."出口者"是指安排危险废物或其他废物的出口、在出口国管辖下的任何人；

16."进口者"是指安排危险废物或其他废物的进口、在进口国管辖下的任何人；

17."承运人"是指从事危险废物或其他废物运输的任何人；

18."产生者"是指其活动产生了危险废物或其他废物的任何人,或者,如果不知此人为何人,则指拥有和(或)控制着那些废物的人；

19."处置者"是指作为危险废物或其他废物装运的收货人并从事该废物处置作业的任何人；

20."政治和(或)经济一体化组织"是指由一些主权国家组成的组织,它得到其成员国授权处理与本公约有关的事项,并经按照其内部程序正式授权签署、批准、接受、核准、正式确认或加入本公约；

21."非法运输"是指第九条所指的对危险废物或其他废物的任何越境转移。

第三条　国家对危险废物的定义

1. 每一缔约国在成为本公约缔约国的 6 个月内,应将附件一和附件二所列之外的,但其国家立法视为或确定为危险废物的废物名单连同有关适用于这类废物的越境转移程序的任何规定通知本公约秘书处。

2. 每一缔约国应随后将它依据第 1 款提供的资料的任何重大变更情况通知秘书处。

3. 秘书处应立即将它依据第 1 和第 2 款收到的资料通知所有缔约国。

4. 各缔约国应负责将秘书处递送的第 3 款之下的资料提供给本国的出口者。

第四条　一般义务

1. (1)各缔约国行使其权利禁止危险废物或其他废物进口处置时,应按照第十三条的规定将其决定通知其他缔约国;

(2)各缔约国在接获按照以上第(1)项发出的通知后,应禁止或不许可向禁止这类废物进口的缔约国出口危险废物和其他废物;

(3)对于尚未禁止进口危险废物和其他废物的进口国,在该进口国未以书面同意某一进口时,各缔约国应禁止或不许可此类废物的出口。

2. 各缔约国应采取适当措施:

(1)考虑到社会、技术和经济方面,保证将其国内产生的危险废物和其他废物减至最低限度;

(2)保证提供充分的处置设施用以从事危险废物和其他废物的环境无害管理,不论处置场所位于何处,在可能范围内,这些设施应设在本国领土内;

(3)保证在其领土内参与危险废物和其他废物管理的人员视需要采取步骤,防止在这类管理工作中产生危险废物和其他废物的污染,并在产生这类污染时,尽量减少其对人类健康和环境的影响;

(4)保证在符合危险废物和其他废物的环境无害和有效管理下,把这类废物越境转移减至最低限度,进行此类转移时,应保护环境和人类健康,免受此类转移可能产生的不利影响;

(5)禁止向属于一经济和(或)政治一体化组织而且在法律上完全禁止危险废物或其他废物进口的某一缔约国或一组缔约国,特别是发展中国家,出口此类废物,或者,如果有理由相信此类废物不会按照缔约国第一次会议决定的标准以环境无害方式加以管理时,也禁止向上述国家进行此种出口;

(6)规定向有关国家提供附件五(A)要求的关于拟议的危险废物和其他废物越境转移的资料,详细说明拟议的转移对人类健康和环境的影响;

(7)如果有理由相信危险废物和其他废物将不会以对环境无害的方式加以管理时,防止此类废物的进口;

(8)直接地并通过秘书处同其他缔约国和其他有关组织合作从事各项活动,包括传播关于危险废物和其他废物越境转移的资料,以期改善对这类废物的环境无害管理并防止非法运输。

3. 各缔约国认为危险废物或其他废物的非法运输为犯罪行为。

4. 各缔约国应采取适当的法律、行政和其他措施,以期实施本公约的各项规定,包括采取措施以防止和惩办违反本公约的行为。

5. 缔约国应不许可将危险废物或其他废物从其领土出口到非缔约国,亦不许可从一非缔约国进口到其领土。

6. 各缔约国协议不许可将危险废物或其他废物出口到南纬60°以南的区域处置,不论此类废物是否涉及越境转移。

7. 此外,各缔约国还应:

(1)禁止在其国家管辖下所有的人从事危险废物或其他废物的运输或处置工作,但得到授权或许可从事这类工作的人不在此限;

(2)规定涉及越境转移的危险废物和其他废物须按照有关包装、标签和运输方面普遍接受和承认的国际规则和标准进行包装、标签和运输,并应适当计及国际上公认的有关惯例;

(3)规定在危险废物和其他废物的越境转移中,从越境转移起点至处置地点皆须随附一份转移文件。

8. 每一缔约国应规定,拟出口的危险废物或其他废物必须以对环境无害的方式在进口国或他处处理。公约所涉废物的环境无害管理技术准则应由缔约国在其第一次会议上决定。

9. 各缔约国应采取适当措施,以确保危险废物和其他废物的越境转移仅在下列情况下才予以许可:

(1)出口国没有技术能力和必要的设施、设备能力或适当的处置场所以

无害于环境而且有效的方式处置有关废物;

（2）进口国需要有关废物作为再循环或回收工业的原材料;

（3）有关的越境转移符合由缔约国决定的其他标准,但这些标准不得背离本公约的目标。

10. 产生危险废物的国家遵照本公约以环境无害方式管理此种废物的义务不得在任何情况下转移到进口国或过境国。

11. 本公约不妨碍一缔约国为了更好地保护人类健康和环境而实施与本公约条款一致并符合国际法规则的其他规定。

12. 本公约的任何规定不应在任何方面影响按照国际法确定的各国对其领海的主权,以及按照国际法各国对其专属经济区及其大陆架拥有的主权和管辖权,以及按照国际法规定并在各有关国际文书上反映的所有国家的船只和飞机所享有的航行权和自由。

13. 各缔约国应承担定期审查是否可能把输往其他国家尤其是发展中国家的危险废物和其他废物的数量和(或)污染潜力减低。

第五条 指定主管当局和联络点

各缔约国应为促进本公约的实施:

1. 指定或设立一个或一个以上主管当局以及一个联络点。过境国则应指定一个主管当局接受通知书。

2. 在本公约对本国生效后 3 个月内通知本公约秘书处,说明本国已指定哪些机构作为本国的联络点和主管当局。

3. 在作出变动决定的 1 个月内,将其有关根据以上第 2 款所指定机构的任何变动通知本公约秘书处。

第六条 缔约国之间的越境转移

1. 出口国应将危险废物或其他废物任何拟议的越境转移书面通知或要求产生者或出口者通过出口国主管当局的渠道以书面通知有关国家的主管当局。该通知书应以进口国可接受的一种语文载列附件五(A)所规定的声明和资料。仅需向每个有关国家发送一份通知书。

2. 进口国应以书面答复通知者,表示无条件或有条件同意转移、不允许转移或要求进一步资料。进口国最后答复的副本应送交有关缔约国的主管当局。

3. 出口缔约国在得到书面证实下述情况之前不应允许产生者或出口者开始越境转移：

（1）通知人已得到进口国的书面同意；并且

（2）通知人已得到进口国证实存在一份出口者与处置者之间的契约协议，详细说明对有关废物的环境无害管理办法。

4. 每一过境缔约国应迅速向通知人表示收到通知。它可在收到通知后60天内以书面答复通知人表示无条件或有条件同意转移、不允许转移或要求进一步资料。出口国在收到过境国的书面同意之前，应不准许开始越境转移。不过，如果在任何时候一缔约国决定对危险废物或其他废物的过境转移一般地或在特殊条件下不要求事先的书面同意，或修改它在这方面的要求，该国应按照第十三条立即将此决定通知其他缔约国。在后一情况下，如果在过境国收到某一通知后60天内，出口国尚未收到答复，出口国可允许通过该过境国进行出口。

5. 危险废物的越境转移在该废物只被：

（1）出口国的法律确定为或视为危险废物时，对进口者或处置者及进口国适用的本条第9款的各项要求应分别比照适用于出口者和出口国；

（2）进口国或进口和过境缔约国的法律确定为或视为危险废物时，对出口者和出口国适用的本条第1、第3、第4、第6款应分别比照适用于进口者或处置者和进口国；

（3）过境缔约国的法律确定为或视为危险废物时，第4款的规定应对该国适用。

6. 出口国可经有关国家书面同意，在具有同一物理化学特性的危险废物或其他废物通过出口国的同一出口海关并通过进口国的同一进口海关——就过境而言，通过过境国的同一进口和出口海关——定期装运给同一个处置者的情况下，允许产生者或出口者使用一总通知。

7. 有关国家可书面同意使用第6款所指的总通知，但须提供某些资料，例如关于预定装运的危险废物或其他废物的确切数量或定期清单。

8. 第6和第7款所指的总通知和书面同意可适用于最多在12个月期限内的危险废物或其他废物的多次装运。

9. 各缔约国应要求每一个处理危险废物或其他废物越境转移的人在发

送或收到有关危险废物时在运输文件上签名。缔约国还应要求处置者将他已收到危险废物的情况，并在一定时候将他完成通知书上说明的处置的情况通知出口者和出口国主管当局。如果出口国内部没有收到这类资料，出口国主管当局或出口者应将该情况通知进口国。

10. 本条所规定的通知和答复皆应递送有关缔约国的主管当局或有关非缔约国的适当政府当局。

11. 危险废物或其他危险废物的任何越境转移都应有保险、保证或进口或过境缔约国可能要求的其他担保。

第七条　从一缔约国通过非缔约国的越境转移

本公约第六条第 1 款应比照适用于从一缔约国通过非缔约国的危险废物或其他废物的越境转移。

第八条　再进口的责任

在有关国家遵照本公约规定已表示同意的危险废物或其他废物的越境转移未能按照契约的条件完成的情况下，如果在进口国通知出口国和秘书处之后 90 天内或在有关国家同意的另一期限内不能作出环境上无害的处置替代安排，出口国应确保出口者将废物运回出口国。为此，出口国和任何过境缔约国不应反对、妨碍或阻止该废物运回出口国。

第九条　非法运输

1. 为本公约的目的，任何下列情况的危险废物或其他废物的越境转移均应视为非法运输：

（1）没有依照本公约规定向所有有关国家发出通知；或

（2）没有依照本公约规定得到一个有关国家的同意；或

（3）通过伪造、谎报或欺诈而取得有关国家的同意；或

（4）与文件所列材料不符；或

（5）违反本公约以及国际法的一般原则，造成危险废物或其他废物的蓄意处置（例如倾卸）。

2. 如果危险废物或其他废物的越境转移由于出口者或产生者的行为而被视为非法运输，则出口国应确保在被告知此种非法运输情况后 30 天内或在有关国家可能商定的另一期限内，将有关的危险废物作出下述处理：

（1）由出口者或产生者或必要时由它自己运回出口国，如不可行，则

（2）按照本公约的规定另行处置。

为此目的，有关缔约国不应反对、妨碍或阻止将那些废物退回出口国。

3. 如果危险废物或其他废物的越境转移由于进口者或处置者的行为而被视为非法运输，则进口国应确保在它知悉此种非法运输情况后 30 天内或在有关国家可能商定的另一限期内，由进口者或处置者或必要时由它自己将有关的危险废物以对环境无害的方式加以处置。为此目的，有关的缔约国应进行必要的合作，以便以环境无害的方式处置此类废物。

4. 如果非法运输的责任既不能归于出口者或产生者，也不能归于进口者或处置者，则有关缔约国或其他适当的缔约国应通过合作，确保有关的危险废物尽快以对环境无害的方式在出口国或进口国或在其他适宜的地方进行处置。

5. 每一缔约国应采取适当的国家/国内立法，防止和惩办非法运输。各缔约国应为实现本条的目标而通力合作。

第十条　国际合作

1. 各缔约国应互相合作，以便改善和实现危险废物和其他废物的环境无害管理。

2. 为此，各缔约国应：

（1）在接获请求时，在双边或多边的基础上提供资料，以期促进危险废物和其他废物的环境无害管理，包括协调对危险废物和其他废物的适当管理的技术标准和规范；

（2）合作监测危险废物的管理对人类健康和环境的影响；

（3）在不违反其国家法律、条例和政策的情况下，合作发展和实施新的环境无害低废技术并改进现行技术，以期在可行范围内消除危险废物和其他废物的产生，求得确保其环境无害管理的更实际有效的方法，其中包括对采用这类新的或改良的技术所产生经济、社会和环境效果的研究；

（4）在不违反其国家法律、条例和政策的情况下，就转让涉及危险废物和其他废物无害环境管理的技术和管理体制方面积极合作，它们还应合作建立各缔约国特别是那些在这方面可能需要并要求技术援助的国家的技术能力；

（5）合作制定适当的技术准则和（或）业务规范。

3. 各缔约国应采取适当手段从事合作，以协助发展中国家执行第四条第 2 款第（1）、第（2）、第（3）和第（4）项。

4. 考虑到发展中国家的需要,鼓励各缔约国之间和有关国际组织之间进行合作,以促进特别是提高公众认识,发展对危险废物和其他废物的无害管理和采用新的低废技术。

第十一条 双边、多边和区域协定

1. 尽管有第四条第 5 款的规定,各缔约国可同其他缔约国或非缔约国缔结关于危险废物或其他废物越境转移的双边、多边或区域协定或协议,只要此类协定或协议不减损本公约关于以对环境无害方式管理危险废物和其他废物的要求。这些协定或协议应特别考虑到发展中国家的利益,对无害于环境方面作出的规定不应低于本公约的有关规定。

2. 各缔约国应将第 1 款所指的任何双边、多边和区域协定和协议,以及它们在本公约对其生效之前缔结的旨在控制纯粹在此类协定的缔约国之间的危险废物和其他废物越境转移的双边、多边和区域协定和协议通知秘书处。本公约各条款不应影响遵照此种协定进行的越境转移,只要此种协定符合本公约关于以对环境无害的方式管理危险废物的要求。

第十二条 关于责任问题的协商

各缔约国应进行合作,以期在可行时尽早通过一项议定书,就危险废物和其他废物越境转移和处置所引起损害的责任和赔偿方面制定适当的规则和程序。

第十三条 递送资料

1. 各缔约国应保证,一旦获悉危险废物和其他废物越境转移及其处置过程中发生意外,可能危及其他国家的人类健康和环境时,立即通知有关国家。

2. 各缔约国应通过秘书处彼此通知下列情况:

(1)依照第五条作出的关于指定主管当局和(或)联络点的更动。

(2)依照第三条作出的国家对于危险废物的定义的修改。

并尽快告知:

(3)由它们作出的全部或局部不同意将危险废物或其他废物进口到它们国家管辖范围内的地区内处置的决定。

(4)由它们作出的、限制或禁止出口危险废物或其他废物的决定。

(5)由本条第 4 款所要求的任何其他资料。

3. 各缔约国在符合其国家法律和规章的情形下,应通过秘书处向依照第十五条设立的缔约国会议于每个日历年年底以前提交一份关于前一日历年的

报告,其中包括下列资料:

(1)它们依照第五条指定的主管当局和联络点。

(2)关于与它们有关的危险废物或其他废物的越境转移的资料,包括:

(a)所出口危险废物和其他废物的数量、种类、特性、目的地、过境国以及在对通知的答复中说明的处置方法;

(b)所进口危险废物和其他废物的数量、种类和特性、来源及处置方法;

(c)未按原定方式进行的处置;

(d)为了减少危险废物或其他废物越境转移的数量而作出的努力。

(3)它们为了执行本公约而采取的措施。

(4)它们汇编的关于危险废物或其他废物的产生、运输和处置对人类健康和环境的影响的现有合格统计资料。

(5)依照本公约第十一条缔结的双边、多边和区域协定及协议。

(6)危险废物和其他废物越境转移及处置过程中发生的意外事件以及所采取的处理措施。

(7)在它们国家管辖范围内的地区采用的各种处置方法。

(8)为了发展出减少和(或)消除危险废物和其他废物的产生的技术而采取的措施。

(9)缔约国会议将视为有关的其他事项。

4. 各缔约国在符合其国家法律和条例的情况下,在某一缔约国认为其环境可能受到某一越境转移的影响而请求这样做时,应保证将关于危险废物或其他废物的任何越境转移的每一份通知及其答复的副本送交秘书处。

第十四条 财务方面

1. 各缔约国同意,根据各区域和分区域的具体需要,应针对危险废物和其他废物的管理并使其产生减至最低限度,建立区域的或分区域的培训和技术转让中心。各缔约国应就建立适当的自愿性筹资机制作出决定。

2. 各缔约国应考虑建立一循环基金,以便对一些紧急情况给予临时支援,尽量减少由于危险废物和其他废物的越境转移或其处置过程中发生意外事故所造成的损害。

第十五条 缔约国会议

1. 缔约国会议特此设立。缔约国会议的第一次会议应由联合国环境规划署执行主任于本公约生效后 1 年内召开。其后的缔约国会议常会应依照第一次会议所规定的时间按期举行。

2. 缔约国会议可于其认为必要的其他时间举行非常会议;如经任何缔约国书面请求,由秘书处将该项请求转致各缔约国后 6 个月内至少有 1/3 缔约国表示支持时,亦可举行非常会议。

3. 缔约国会议应以协商一致方式商定和通过其本身的和它可能设立的任何附属机构的议事规则和财务细则,以便确定特别是本公约下各缔约国的财务参与办法。

4. 各缔约国在其第一次会议上,应审议为协助履行其在本公约范围内保护和维护海洋环境方面的责任所需的任何其他措施。

5. 缔约国会议应不断地审查和评价本公约的有效执行,同时应:

(1)促进适当政策、战略和措施的协调,以尽量减少危险废物和其他废物对人类健康和环境的损害;

(2)视需要审议和通过对本公约及其附件的修正,除其他外,应考虑到现有的科技、经济和环境资料;

(3)参照本公约实施中以及第十一条所设想的协定和协议的运作中所获的经验,审议并采取为实现本公约宗旨所需的任何其他行动;

(4)视需要审议和通过议定书;

(5)成立为执行本公约所需的附属机构。

6. 联合国及其各专门机构以及任何非本公约缔约国的国家均可派观察员出席缔约国会议。任何其他组织或机构,无论是国家或国际性质、政府或非政府性质,只要在与危险废物或其他废物有关的领域具有资格,并通知秘书处愿意以观察员身份出席缔约国会议,在此情况下,除非有至少 1/3 的出席缔约国表示反对,都可被接纳参加。观察员的接纳与参加应遵守缔约国通过的议事规则处理。

7. 缔约国会议应于本公约生效 3 年后并至少在其后每 6 年对其有效性进行评价,并于认为必要时,参照最新的科学、环境、技术和经济资料,审议是否全部或局部禁止危险废物和其他废物的越境转移。

第十六条　秘书处

1. 秘书处的职责如下:

（1）为第十五条和第十七条规定的会议作出安排并提供服务。

（2）根据按第三、第四、第六、第十一和第十三条收到的资料，根据从第十五条规定成立的附属机构的会议得来的资料，以及在适当时根据有关的政府间和非政府实体提供的资料，编写和提交报告。

（3）就执行其本公约规定的职责进行的各项活动编写报告，提交缔约国会议。

（4）保证同其他有关的国际机构进行必要的协调，特别是为有效地执行其职责而订定所需的行政和契约安排。

（5）同各缔约国按本公约第五条规定设立的联络点和主管当局进行联系。

（6）汇编各缔约国批准可用来处置其危险废物和其他废物的本国场地和设施的资料并将此种资料分发各缔约国。

（7）从缔约国收取并向它们传递下列资料：

—技术援助和培训的来源；

—现有的科学和技术专门知识；

—咨询意见和专门技能的来源；和

—可得的资源情况。

以期于接到请求时，就下列方面向缔约国提供援助：

—本公约通知事项的处理；

—危险废物和其他废物的管理；

—涉及危险废物和其他废物的环境无害技术，例如低废和无废技术；

—处置能力和场所的评估；

—危险废物和其他废物的监测；和

—紧急反应。

（8）根据请求，向缔约国提供具有该领域必要技术能力的顾问或顾问公司的资料，以便这些顾问或公司能够帮助它们审查某一越境转移通知，审查危险废物或其他废物的装运情况是否与有关的通知相符，和（或）在它们有理由认为有关废物的处理方式并非对环境无害时，审查拟议的危险废物或其他废物的处置设施是否不对环境造成危害。任何此种审查涉及的费用不应由秘书处承担。

（9）根据请求，帮助缔约国查明非法运输案件，并将它收到的有关非法运输的任何资料立即转告有关缔约国。

（10）在发生紧急情况时，与各缔约国以及与有关的和主管的国际组织和机构合作，以便提供专家和设备，迅速援助有关国家。

（11）履行缔约国会议可能决定的与本公约宗旨有关的其他职责。

2. 在依照第十五条举行的缔约国会议第一次会议结束之前，由联合国环境规划署暂时履行秘书处职责。

3. 缔约国会议应在其第一次会议上从已经表示愿意执行本公约规定的秘书处职责的现有合格政府间组织之中指定某一组织作为秘书处。在这次会议上，缔约国会议还应评价临时秘书处特别是执行以上第 1 款所述职责的情况，并决定适宜于履行那些职责的组织结构。

第十七条　公约的修改

1. 任何缔约国可对本公约提出修正案，议定书的任何缔约国可对该议定书提出修正案。这种修正，除其他外，应适当考虑到有关的科学和技术方面。

2. 对本公约的修正案应在缔约国会议的一次会议上通过。对任何议定书的修正应于该议定书的缔约国会议上通过。对本公约或任何议定书建议的任何修正案案文，除在有关议定书里另有规定外，应由秘书处至迟于准备通过修正案的会议 6 个月以前送交各缔约国。秘书处亦应将建议的修正送交本公约的签署国，以供参考。

3. 各缔约国应尽量以协商一致方式对本公约的任何修正达成协议。如果尽了一切努力谋求一致意见而仍然未能达成协议，则最后的办法是以出席并参加表决的缔约国的 3/4 多数票通过修正案。通过的修正应由保存人送交所有缔约国，供其批准、核准、正式确认或接受。

4. 以上第 3 款内说明的程序应适用于对任何议定书的修正，唯一不同的是这种修正的通过只需要出席并参加表决的缔约国的 2/3 多数票。

5. 修正的批准、核准、正式确认或接受文书应交保存人保存。依照以上第 3 或第 4 款通过的修正，除非有关议定书里另有规定，应于保存人接得至少 3/4 接受修正的缔约国的批准、核准、正式确认或接受文书之后第 90 天，在接受修正的各缔约国之间开始生效。任何其他缔约国存放其对修正的批准、核准、正式确认或接受文书 90 天之后，修正对它生效。

6. 为本条的目的，"出席并参加表决的缔约国"一语是指在场投赞成票或反对票的缔约国。

第十八条 附件的通过和修正

1. 本公约或任何议定书的附件应成为本公约或该议定书的一个构成部分,因此,除非另有明确规定,凡提及本公约或其议定书时,亦包括其任何附件在内。这种附件只限于科学、技术和行政事项。

2. 除任何议定书就其附件另有规定者外,本公约的增补附件或一项议定书的附件的提出、通过和生效应适用下列程序:

(1)本公约及其议定书的附件应依照第十七条第2、第3和第4款规定的程序提出和通过。

(2)任何缔约国如果不能接受本公约的某一增补附件或其作为缔约国的任何议定书的某一附件,应于保存人就其通过发出通知之日起6个月内将此情况书面通知保存人。保存人应于接到任何此种通知后立即通知所有缔约国。一缔约国可于任何时间以接受文书代替此前的反对声明,有关附件即对它生效。

(3)在保存人发出通知之日起满6个月之后,该附件应即对未曾依照以上第(2)项规定发出通知的本公约或任何有关议定书的所有缔约国生效。

3. 本公约附件或任何议定书附件的修正案的提出、通过和生效应遵照本公约附件或议定书附件的提出、通过和生效所适用的同一程序。附件及其修正,除其他外,应适当考虑到有关的科学和技术方面。

4. 如果一个增补附件或对某一附件的修正涉及对本公约或对任何议定书的修正,则该增补附件或修正后的附件应于对本公约或对该议定书的修正生效以后才能生效。

第十九条 核查

任何缔约国如有理由相信另一缔约国正在作出或已作出违背其公约义务的行为,可将该情况通知秘书处,并应同时立即直接地或通过秘书处通知被指控的一方。所有有关资料应由秘书处送交各缔约国。

第二十条 争端的解决

1. 缔约国之间就本公约或其任何议定书的解释、适用或遵守方面发生争端时,有关缔约国应通过谈判或以它们自行选定的任何其他和平方式谋求争端的解决。

2. 如果有关缔约国无法以上款所述方式解决争端,在争端各方同意的情况下,应将争端提交国际法院或按照关于仲裁的附件六所规定的条件提交仲裁。不过,不能就将该争端提交国际法院或提交仲裁达成共同协议,并不免除争端各方以第 1 款所指方式继续谋求其解决的责任。

3. 在批准、接受、核准、正式确认或加入本公约时或其后的任何时候,一个国家或政治和(或)经济一体化组织可以声明,它承认对接受同样义务的任何缔约国而言,下列办法为强制性的当然办法并无须订立特别协定:

(1)将争端提交国际法院。

(2)按照附件六所规定的程序进行仲裁。

此种声明应以书面通知秘书处,秘书处应转告各缔约国。

第二十一条　签字

本公约应于 1989 年 3 月 22 日在巴塞尔,并从 1989 年 3 月 23 日起至 1989 年 6 月 30 日在伯尔尼瑞士外交部,并从 1989 年 7 月 1 日起至 1990 年 3 月 22 日在纽约联合国总部,开放供各国、由联合国纳米比亚理事会代表纳米比亚以及由各政治和(或)经济一体化组织签字。

第二十二条　批准、接受、正式确认或核准

1. 本公约须由各国和由联合国纳米比亚理事会代表纳米比亚批准、接受或核准并由各政治和(或)经济一体化组织正式确认或核准。批准、接受、正式确认或核准的文书应交由保存人保存。

2. 以上第 1 款所指的任何组织如成为本公约的缔约方而该组织并没有任何一个成员国是缔约国,则该缔约组织应受本公约规定的一切义务的约束。如这种组织的一个或更多个成员国是本公约的缔约国,则该组织及其成员国应就履行其本公约义务的各自责任作出决定。在这种情况下,该组织和成员国不应同时有权行使本公约规定的权利。

3. 以上第 1 款所指的组织应在其正式确认或核准文书中声明其对本公约所涉事项的职权范围。这些组织也应将其职权范围发生任何重大变化的情况通知保存人,后者应转告各缔约国。

第二十三条　加入

1. 本公约应自公约签署截止日期起开放供各国、由联合国纳米比亚理事会代表纳米比亚以及由各政治和(或)经济一体化组织加入。加入书应交由保存人保存。

2. 上文第 1 款中所指的组织应在其加入文书内声明它们对本公约所涉事项的职权范围。这些组织也应将其职权范围发生任何重大变化的情况通知保存人。

3. 第二十二条第 2 款的规定应适用于加入本公约的经济一体化组织。

第二十四条　表决权

1. 除第 2 款之规定外,本公约每一缔约国应有一票表决权。

2. 各政治和(或)经济一体化组织对于按第二十二条第 3 款和第二十三条第 2 款规定属于其职权范围的事项行使表决权时,其票数相当于其作为本公约或有关议定书的缔约国的成员国数目。如果这些组织的成员国行使其表决权,则该组织就不应行使其表决权,反之亦然。

第二十五条　生效

1. 本公约应于第 20 份批准、接受、正式确认、核准或加入文书交存之日以后第 90 天生效。

2. 对于在交存第 20 份批准、接受、核准、正式确认或加入文书之日以后批准、接受、核准或正式确认本公约或加入本公约的每一国家或政治和(或)经济一体化组织,本公约应于该国或该政治和(或)经济一体化组织的批准、接受、核准、正式确认或加入文书交存之日以后第 90 天生效。

3. 为以上第 1 和第 2 款的目的,一个政治和(或)经济一体化组织交存的任何文书不应被视为该组织的成员国交存的文书以外的附加文书。

第二十六条　保留和声明

1. 不得对本公约作出任何保留或例外。

2. 本条第 1 款的规定并不排除某一国家或政治和(或)经济一体化组织在签署、批准、接受、核准或加入本公约时,除其他外,为使其法律和条例与本公约的规定协调一致而作出无论何种措辞或名称的宣言或声明,只要此种宣言或声明的意旨不是排除或改变本公约条款适用于该国时的法律效力。

第二十七条　退出

1. 在本公约对一缔约国生效之日起 3 年之后的任何时间,该缔约国经向保存人提出书面通知,得退出本公约。

2. 退出应在保存人接到退出通知起 1 年后生效,或在退出通知上指明的一个较后日期生效。

第二十八条　保存人

联合国秘书长为本公约及其任何议定书的保存人。

第二十九条　作准文本

本公约的阿拉伯文、中文、英文、法文、俄文和西班牙文原本均为作准文本。

为此,下列全权代表,经正式授权,在本公约上签字,以昭信守。

1989 年 3 月 22 日订于巴塞尔

附件一　应加控制的废物类别

废物流

Y1 从医院、医疗中心和诊所的医疗服务中产生的临床废物

Y2 从药品的生产和制作中产生的废物

Y3 废药物和废药品

Y4 从生物杀伤剂和植物药物的生产、配制和使用中产生的废物

Y5 从木材防腐化学品的制作、配制和使用中产生的废物

Y6 从有机溶剂的生产、配制和使用中产生的废物

Y7 从含有氰化物的热处理和退火作业中产生的废物

Y8 不适合原来用途的废矿物油

Y9 废油/水、烃/水混合物乳化液

Y10 含有或沾染多氯联苯(PCBs)和(或)多氯三联苯(PCTs)和(或)多溴联苯(PBBs)的废物质和废物品

Y11 从精炼、蒸馏和任何热解处理中产生的废焦油状残留物

Y12 从油墨、染料、颜料、油漆、真漆、罩光漆的生产、配制和使用中产生的废物

Y13 从树脂、胶乳、增塑剂、胶水/胶合剂的生产、配制和使用中产生的废物

Y14 从研究和发展或教学活动中产生的尚未鉴定的和(或)新的并且对人类和(或)环境的影响未明的化学废物

Y15 其他立法未加管制的爆炸性废物

Y16 从摄影化学品和加工材料的生产、配制和使用中产生的废物

Y17 从金属和塑料表面处理产生的废物

Y18 从工业废物处置作业产生的残余物

含有下列成分的废物：

Y19 金属羰基化合物

Y20 铍；铍化合物

Y21 六价铬化合物

Y22 铜化合物

Y23 锌化合物

Y24 砷；砷化合物

Y25 硒；硒化合物

Y26 镉；镉化合物

Y27 锑；锑化合物

Y28 碲；碲化合物

Y29 汞；汞化合物

Y30 铊；铊化合物

Y31 铅；铅化合物

Y32 无机氟化合物（不包括氟化钙）

Y33 无机氰化合物

Y34 酸溶液或固态酸

Y35 碱溶液或固态碱

Y36 石棉（尘和纤维）

Y37 有机磷化合物

Y38 有机氰化物

Y39 酚；酚化合物（包括氯酚类）

Y40 醚类

Y41 卤化有机溶剂

Y42 有机溶剂（不包括卤化溶剂）

Y43 任何多氯苯并呋喃同系物

Y44 任何多氯苯并二英同系物

Y45 有机卤化合物（不包括其他在本附件内提到的物质，例如：Y39、Y41、Y42、Y43、Y44）

附件二　须加特别考虑的废物类别

Y46 从住家收集的废物

Y47 从焚化住家废物产生的残余物

附件三　危险特性清单

联合国等级*	代码	特　性
1	H1	爆炸物 爆炸物或爆炸性废物是固态或液态物质或废物（或混合物或混合废物），其本身能以化学反应产生足以对周围造成损害的温度、压力和速度的气体。
3	H3	易燃液体 易燃液体是（在不超过60.5℃的闭杯试验或不超过65.6℃的开杯试验中产生易燃蒸汽的）液体，或混合液体，或含有溶解或悬浮固体的液体（如油漆、罩光漆、真漆等，但不包括由于其危险特性归于别类的物质或废物）。（由于开杯和闭杯试验的结果不能作精确比较，甚至同类试验的个别结果往往有差异，因此斟酌这种差异，作出与以上数字不同的规定，仍然符合本定义的精神。）
4.1	H4.1	易燃固体 归类为爆炸物之外的某些固体或固体废物在运输中遇到的某些情况下容易起火，或由于摩擦可能引起或助成起火。
4.2	H4.2	易于自燃的物质或废物 在运输中的正常情况下易于自发生热，或在接触空气后易于生热，而后易于起火的物质或废物。

＊与联合国危险货物建议书（ST/SG/AC.10/Rev.5，联合国，纽约，1988）所列危险性分类系统相符。

续表

联合国等级	代码	特　性
4.3	H4.3	同水接触后产生易燃气体的物质或废物 与水相互作用后易于变为自发易燃,或产生危险数量的易燃气体的物质或废物。
5.1	H5.1	氧化 此类物质本身不一定可燃,但通常可因产生氧气而引起或助长其他物质的燃烧。
5.2	H5.2	有机过氧化物 含有两价 − O − O − 结构的有机物质或废物是热不稳定物质,可能进行放热自加速分解。
6.1	H6.1	毒性(急性) 如果摄入或吸入体内或由于皮肤接触可使人致命或严重伤害或损害人类健康的物质或废物。
6.2	H6.2	传染性物质 含有已知或怀疑能引起动物或人类疾病的活微生物或其毒素的物质或废物。
8	H.8	腐蚀 同生物组织接触后可因化学作用引起严重伤害,或因渗漏,能严重损坏或毁坏其他物品或运输工具的物质或废物;它们还可能造成其他危害。
9	H10	同空气或水接触后释放有毒气体 同空气或水相互作用后可能释放危险量的有毒气体的物质或废物。
9	H11	毒性(延迟或慢性) 如果吸入或摄入体内或如果渗入皮肤可能造成延迟或慢性效应,包括致癌的物质或废物。
9	H12	生态毒性 如果释出就能或可能因为生物累积和(或)因为对生物系统的毒性效应对环境产生立即或延迟不利影响的物质或废物。
9	H13	经处置后能以任何方式产生具有上列任何特性的另一种物质,如浸漏液。

检验

　　某些种类的废物所造成的潜在危害尚未有充分的资料记载;尚不存在对这些危害进行定量分析的检验方法。必须进行进一步研究,以便制定方法来表明这些废物对人和(或)环境的潜在危害。对于纯物质和纯原料已有标准化的检验方法。许多国家已发展出国家一级的检验方法,可以用来检验附件一所列的物质,以便确定这些物质是否具有本附件所列的任何特性。

附件四 处置作业

A. 不能导致资源回收、再循环、直接再利用或其他用途的作业方式

A 节包括实际采用的所有处置作业方式。

D1 置放于地下或地上（例如填埋）

D2 土地处理（例如在土壤中进行液体或污泥废弃物的生物降解）

D3 深层灌注（例如将可用泵抽的废弃物注入井中、盐丘或自然形成的地库）

D4 地表存放（例如将液体或污泥废弃物放置在坑中、池塘或氧化塘中）

D5 特别设计的填埋（例如放置于加盖并彼此分离、与环境隔绝的加衬的隔槽）

D6 排入海洋之外的水体

D7 排入海洋包括埋入海床

D8 未在本附件他处指明的生物处理，产生的最后化合物或混合物以 A 节的任何作业方式弃置

D9 未在本附件他处指明的物理化学处理，产生的最后化合物或混合物以 A 节的任何作业方式弃置，如蒸发、干燥、焚化、中和、沉淀

D10 陆上焚化

D11 海上焚化

D12 永久储存（例如将容器放置于矿井）

D13 在进行 A 节的任何作业之前先加以掺杂混合

D14 在进行 A 节的任何作业之前先重新包装

D15 在进行 A 节的任何作业之前暂时储存

B. 可能导致资源回收、再循环、直接再利用或其他用途的作业方式

B 节包括所有对于在法律上确定为或视为危险废物的物质的作业方式，这些物质若非以本节作业方式处理，将以 A 节所列作业处置。

R1 作为燃料（而不直接焚化）或以其他方式产生能量

R2 溶剂回收/再产生

R3 没有用作溶剂的有机物质的再循环/回收

R4 金属和金属化合物的再循环/回收

R5 其他无机物质的再循环/回收

R6 酸或碱的再产生

R7 回收污染减除剂的组分

R8 回收催化剂组分

R9 废油再提炼或以其他方式重新使用已使用过的油

R10 能改善农业或生态的土地处理

R11 使用从编号 R1 至 R10 任何一种作业之中产生的残余物质

R12 交换废物以便进行编号 R1 至 R11 的任何一种作业

R13 积累 B 节内任何一种作业所用的物质。

附件五(A)　通知书内应提供的资料

1. 废物出口的理由

2. 废物的出口者[1]

3. 废物的产生者和产生地点[1]

4. 废物的处置者和实际处置地点[1]

5. 预定的废物承运人或其代理人,如果已知[1]

6. 废物出口国主管当局[2]

7. 预定过境国主管当局[2]

8. 废物进口国主管当局[2]

9. 总的或单一的通知[2]

10. 预定装运日期和废物出口日期和拟议路程(包括出入境地点)[3]

11. 预定的运输方式(公路、铁路、海运、空运、内陆水运)

12. 有关保险的资料[4]

13. 废物的分类和状态说明包括 Y 编号和联合国编号及其组分以及关于任何特别处理要求的资料包括意外事故的应急准备

14. 预定的包装方式(例如散装、桶装、罐装)[5]

15. 估计重量/体积[6]

16. 产生废物的过程[7]

17. 附件一所列废物按附件二的分类:危险特性、H 编号、联合国等级

18. 附件三的哪一种处置方式

19. 产生者和出口者声明所提供资料正确无误

20. 废物处置者送交出口者或产生者的资料(其中包括处置厂的技术说明)。处置者根据该资料评估该废物能够按照出口国的法律和规章以对环境无害的方式处理。

21. 关于出口者和处置者之间契约协定的资料

注

1/姓名地址、电话、用户电报或电话传真的号码,以及联络人的姓名地址、电话、用户电报或电话传真的号码。

2/姓名地址、电话、用户电报或电话传真的号码。

3/如果是包括若干次装运的总通知,应提供每一次装运的预定日期,但如日期未知,应说明装运的频度。

4/提供有关保险要求以及出口者、承运人和处置者如何履行这些要求的资料。

5/说明在管理和拟议的处置方法上废物中就毒性和其他危险性方面危害性最大的成分的性质和浓度。

6/如果是包括若干次装运的总通知,应说明估计的总重量以及装运的估计重量。

7/视评价危害性和确定拟议的处置作业的适宜性所需。

附件五(B)　转移文件内应提供的资料

1. 废物的出口者[1]

2. 废物的产生者和产生地点[1]

3. 废物的处置者和实际处置地点[1]

4. 废物的承运人[1] 或其代理人

5. 总通知或单一通知的主旨

6. 越境转移起程日期和处理废物的每个人的签名收据和日期

7. 运输方式(公路、铁路、内陆水运、海运、空运),包括出口国、过境国和进口国和指定出入境地点

8. 废物的一般说明(物理状况、正确的联合国装运名称和等级、联合国编

号、Y 编号和 H 编号）

9. 关于特别处理要求的资料,包括意外事故的应急准备

10. 包装方式和数量

11. 重量/体积

12. 产生者和出口者声明所提供资料正确无误

13. 产生者或出口者声明所有有关国家的主管当局都没有提出反对

14. 处置者证明废物抵达指定处置设施并指明处置方法和大概的处置日期指定的出入境地点

注

转移文件所要求的资料应酌情与运输规则所要求的资料合并在一个文件内。如果不可能做到,这类资料应补充而不重复运输规则所要求的资料。转移文件应附带说明,指明哪些人应提供资料和填写表格。

附件六　仲　裁

第一条

除非本公约第二十条所指的协议另有规定,仲裁程序应按照以下第二至第十条进行。

第二条

求偿一方应通知秘书处,当事双方已协议依据第二十条第 2 或第 3 款将争端提交仲裁,并特别列入在解释或适用上发生争端的本公约条文。秘书处应将收到的上述资料递送本公约所有缔约国。

第三条

仲裁法庭应由仲裁员 3 人组成。争端每一方应指派仲裁员 1 人,被指派的两位仲裁员应共同协议指定第三位仲裁员,并由他担任法庭庭长。后者不应是争端任何一方的国民,且不得为争端任何一方的工作人员或其境内的通常居民,亦不曾以任何其他身份涉及该案。

第四条

1. 如在指派第二位仲裁员内两个月内仍未指定仲裁法庭庭长,联合国秘书长经任何一方请求,应在其后的两个月内指定法庭庭长。

2. 如争端一方在接到要求后两个月内没有指派一位仲裁员,另一方可通知联合国秘书长,后者应在其后的两个月内指定仲裁法庭庭长。一经指定,仲裁法庭庭长应要求尚未指派仲裁员的一方在两个月内作出指派。如在两个月后仍未指派,他应通知联合国秘书长,后者应在其后的两个月内作出指派。

第五条

1. 仲裁法庭应按照国际法并按照本公约的规定作出裁决。

2. 依据本附件规定组成的任何仲裁法庭应制定其本身的议事规则。

第六条

1. 仲裁法庭关于程序问题和实质问题的裁决都应以其成员的多数票作出。

2. 法庭得采取一切适当措施,以确定事实。法庭得应当事一方请求,建议必要的临时保护措施。

3. 争端各方应提供有效进行仲裁程序所需的一切便利。

4. 争端一方不出庭或缺席应不妨碍仲裁程序的进行。

第七条

法庭得就争端的主题事项直接引起的反诉听取陈述并作出裁决。

第八条

除非仲裁法庭因案情特殊而另有决定,法庭的开支,包括仲裁员的报酬,应由争端各方平均分担。法庭应保存一份所有开支的记录,并向争端各方提供一份开支决算表。

第九条

任何缔约国在争端的主题事项方面有法律性质的利害关系,可能因该案件的裁决受到影响,经法庭同意得参加仲裁程序。

第十条

1. 除非法庭认为必须延长期限,法庭应在组成后 5 个月内作出裁判,延长的期限不得超过 5 个月。

2. 仲裁法庭的裁判应附带一份理由说明。法庭的裁判应为确定性并对争端各方具有约束力。

3. 因裁判的解释或执行而可能引起的当事各方之间的任何争端,可由任何一方提请作出该裁判的仲裁法庭裁决,或如不能由后者处理此案,则提请为此目的以与该法庭同一方式组成的另一仲裁法庭裁决。

《控制危险废物越境转移全球公约》全权代表会议最后文件

（1989 年 3 月 22 日）

1.《控制危险废物越境转移全球公约》全权代表会议是由联合国环境规划署执行主任根据联合国环境规划署理事会 1987 年 6 月 17 日通过的第 14/30 号决议召集的。

…………

17. 根据全体委员会的审议情况，本会议于 1989 年 3 月 22 日通过了《控制危险废物越境转移及其处置巴塞尔公约》。《公约》将于 1989 年 3 月 22 日在巴塞尔，并从 1989 年 3 月 23 日至 1989 年 6 月 30 日在伯尔尼瑞士外交部，并从 1989 年 7 月 1 日至 1990 年 3 月 22 日在纽约联合国总部分别开放供各方签署。

18. 会议还通过了各项决议，其案文应附在本最后文件之后。

…………

各位代表签署了这份最后文件，以昭信守。

1989 年 3 月 22 日签订于巴塞尔，正本一份，用阿拉伯文、中文、英文、法文、俄文和西班牙文写成，每种文本均为作准文本。原件将交由联合国秘书长保存。

决议 1　建立一个特设工作组审议实施《控制危险废物越境转移及其处置巴塞尔公约》机制的必要性

会议，

请联合国环境规划署执行主任建立一个法律和技术专家特设工作组，审议是否有必要按照本公约第十五条第 5 款第（5）项的规定建立执行本公约的机制

1989 年 3 月 21 日通过

决议 2 《控制危险废物越境转移及其处置巴塞尔公约》与《伦敦倾倒公约》的关系

会议，

注意到海上废物处置须遵守《防止倾倒废物和其他物质污染海洋公约》（《伦敦倾倒公约》,1972 年）的规定，

又注意到该公约除其他外,禁止倾倒某些废物,并进一步要求缔约国报告有关允许倾倒的所有物质的性质和数量以及倾倒地点、时间和方法的资料,

并进一步注意到,需要根据《控制危险废物越境转移及其处置巴塞尔公约》重新审查该公约,以考虑对其可能的修正案,

1. 请联合国环境规划署执行主任通过国际海事组织秘书长提请《伦敦倾倒公约》缔约国注意,有必要根据《控制危险废物越境转移及其处置巴塞尔公约》审查有关在海上倾倒危险废物和其他废物的现行规则、条例和做法,以便建议在《伦敦倾倒公约》及其附件范围内采取任何必要的其他措施,控制和防止在海上倾倒危险废物和其他废物。

2. 请联合国环境规划署执行主任向《控制危险废物越境转移及其处置巴塞尔公约》缔约国第一次会议报告上文第 1 段所述审查结果和建议。

1989 年 3 月 21 日通过

决议 3 责任

会议，

认识到有必要在实际可行的情况下尽早就危险废物和其他废物越境转移和处置所造成损害的责任和赔偿方面制定适当的规则。

请联合国环境规划署执行主任：

1. 在缔约国第一次会议就如何实施公约第十二条作出决定之前,建立一个法律和技术专家特设工作组,以制定可列入危险废物和其他废物越境转移和处置所造成损害的责任和赔偿的议定书的内容。

2. 向缔约国第一次会议报告该小组的工作成果。

1989 年 3 月 22 日通过

决议 4 各国执行《控制危险废物越境转移及其处置巴塞尔公约》的责任

会议,

回顾大会于 1988 年 12 月 20 日通过的关于国家保护环境责任的第 43/212 号决议:防止特别是影响发展中国家的有毒和危险产品及废物的非法国际运输和倾倒以及由此产生的积聚,

又回顾大会于 1987 年 12 月 11 日通过的关于运输有毒和危险产品及废物的第 42/183 号决议,以及经济及社会理事会于 1988 年 7 月 28 日通过的关于运输有毒和危险产品及废物的第 1988/70 号决议和 1988 年 7 月 28 日通过的关于控制危险废物越境转移全球公约的第 1988/71 号决议,

进一步回顾加勒比行动计划第四次政府间会议于 1987 年 10 月通过的关于在大加勒比区域倾倒和焚烧有毒和危险废物的决议、非洲统一组织部长理事会于 1988 年 5 月通过的关于在非洲倾倒核废料和工业废料的第 CM/Res. 1153(XLVIII)号决议,以及南大西洋和平与合作区国家第一次会议的最后文件,其中强烈谴责将危险废物从世界其他地区转移到该区域,

又回顾欧洲共同体理事会于 1988 年 12 月 21 日通过的关于危险废物越境转移到第三国的决议(OJ/C9/12,1989 年 1 月)、经济合作与发展组织理事会于 1989 年 1 月通过的关于控制危险废物越境转移的第 C(89)1(Final)号决议,以及欧洲委员会部长理事会于 1989 年 3 月通过的关于控制和管制有毒废物越境转移的宣言,

铭记联合国环境规划署理事会于 1987 年 6 月 17 日通过的第 14/030 号决定,其中理事会核准了《关于危险废物环境无害管理的开罗准则和原则》,并授权环境署执行主任召集一个法律和技术专家工作组,负责拟订一项控制危险废物越境转移的全球公约,以期各国政府在 1989 年初通过该公约,

深感关切的是,部分危险废物和其他废物的越境转移违反了现行国家立法和有关国际法律文书以及国际公认的准则和原则,损害了所有国家特别是发展中国家的环境和公共健康,

深信如果没有国际社会成员之间的充分合作,这些问题就无法解决,

认识到迫切需要控制危险废物的越境转移和处置,

希望《控制危险废物越境转移及其处置巴塞尔公约》的规定尽快生效,

通过了《控制危险废物越境转移及其处置巴塞尔公约》，

赞赏地注意到该公约于 1989 年 3 月 22 日在巴塞尔开放供签署，

考虑到危险废物的转移可能对人类健康和环境造成严重损害，

1. 呼吁所有国家，包括尚未参加本次会议的国家，签署并成为《控制危险废物越境转移及其处置巴塞尔公约》的缔约国，并尽快实施其规定。

2. 敦促所有国家立即在公约范围内的问题领域进一步开展合作。

3. 敦促各国合作开发消除危险废物产生的技术。

4. 决心在公约生效和确定适当标准之前，所有国家不得从事与公约目标和宗旨不符的活动。

5. 请联合国环境规划署执行主任将本决议转交联合国秘书长，并分发给所有国家和经济一体化组织。

1989 年 3 月 22 日通过

决议 5 协调《控制危险废物越境转移及其处置巴塞尔公约》和涉及国际核废料交易的实务守则的程序

会议，

铭记非洲统一组织于 1988 年 5 月通过的关于在非洲倾倒核废料和工业废料的第 CM/Res./1153(XLVIII)号决议，

认识到有必要使本公约的程序与根据国际原子能机构 1988 年 9 月通过的第 GC(XXXII)/Res./490 号决议正在拟订的国际商定的核废料国际交易实务守则相协调，

请联合国环境规划署执行主任提请理事会和国际原子能机构总干事注意这一点，以确保国际原子能机构在拟订涉及核废料的国际交易程序时充分考虑到本公约的规定。

1989 年 3 月 22 日通过

决议 6 制度和财务安排

会议，

1989 年 3 月 22 日在巴塞尔通过了《控制危险废物越境转移及其处置巴塞尔公约》，

意识到危险废物的不正常和非法出口及处置对人类健康和环境的危险，

深信有必要加强国际合作，以便立即适用 1989 年 3 月 22 日在巴塞尔通过的《控制危险废物越境转移及其处置巴塞尔公约》的规定，

回顾公约秘书处是这一国际合作的机构之一，

回顾根据公约第十六条,由联合国环境规划署负责履行临时秘书处职能,直至根据公约第十五条举行的缔约国大会第一次会议结束为止，

进一步回顾公约秘书处及其筹资安排将由缔约国大会第一次会议决定，

1. 注意到联合国环境规划署提出的临时秘书处初步预算概算。

2. 还注意到联合国环境规划署执行主任愿意视环境基金的资源的可用性情况,为临时秘书处最初两年的运作提供经费。

3. 请公约所有签署国和所有缔约国自愿向执行主任提供公约第十六条规定的临时秘书处运作所需的额外资金。

4. 请联合国环境规划署执行主任采取必要步骤,使公约临时秘书处能够在公约通过后尽快开始活动。

1989 年 3 月 22 日通过

决议 7 国际海事组织和联合国环境规划署在审查有关海上运输危险废物的现行规则、条例和实践方面的合作

会议，

认识到沿海国在保护和维护环境方面的责任，

考虑到保护海洋环境的现有国际公约和协定，

进一步注意到若干国际和区域协定已涉及危险废物运输方面的环境保护和维护问题，

根据《控制危险废物越境转移及其处置巴塞尔公约》的有关规定，

1. 请联合国环境规划署执行主任和国际海事组织秘书长酌情与其他有关国际组织协商,参照《控制危险废物越境转移及其处置巴塞尔公约》,审查有关海上运输危险废物的现行规则、条例和做法,以便就所需的任何其他措施提出建议,包括信息、文件和其他预防措施,协助沿海国、船旗国和港口国履行其保护和维护海洋环境的责任。

2. 请联合国环境规划署执行主任向《控制危险废物越境转移及其处置巴塞尔公约》缔约国第一次会议报告上文第 1 段所述审查结果和建议。

1989 年 3 月 22 日通过

决议 8 设立一个技术工作组,负责制定受《控制危险废物越境转移及其处置巴塞尔公约》管制的废物环境无害管理技术准则

会议,

通过了《控制危险废物越境转移及其处置巴塞尔公约》,

意识到有必要尽量减少危险废物越境转移及其处置可能对人类健康和环境造成损害的风险,

深信需要拟订技术准则以协助执行《公约》,同时考虑到有关国际组织的工作,

考虑到特别是在发展中国家审查执行准则所涉科学、技术和财政问题的重要性,

呼吁联合国环境规划署执行主任设立一个技术工作组,为受本公约管辖的废物的环境无害管理编制技术准则草案(包括各种处置作业的费用),供缔约国第一次会议审议并最终通过。

1989 年 3 月 22 日通过

…………

1989 年国际救助公约*

（1989 年 4 月 28 日）

本公约缔约国，

认识到有必要通过协议制订关于救助作业的统一的国际规则，

注意到一些重大发展，尤其是人们对保护环境的日益关心，证明有必要审查 1910 年 9 月 23 日在布鲁塞尔制订的《关于统一海上救助某些法律规定的公约》所确定的国际规则，

认识到及时有效的救助作业对处于危险中的船舶和其他财产的安全以及对环境保护能起重大的作用，

相信有必要确保对处于危险中的船舶和其他财产进行救助作业的人员能得到足够的鼓励，

兹协议如下：

第一章　总　则

第一条　定义

就本公约而言：

1. "救助作业"系指在可航水域或其他任何水域中援救处于危险中的船舶或任何其他财产的行为或活动。

2. "船舶"系指任何船只、艇筏或任何能够航行的构造物。

3. "财产"系指非永久性和非有意地依附于岸线的任何财产，包括有风险的运费。

4. "环境损害"系指由污染、沾污、火灾、爆炸或类似的重大事故，对人身健康，对沿海、内水或其毗连区域中的海洋生物、海洋资源所造成的重大的有形损害。

＊国际海事组织 LEG/CONF.7/27 号文件，1989 年 5 月 2 日。

5. "支付款项"系指按本公约规定应付的任何报酬、酬金或补偿。

6. "组织"系指国际海事组织。

7. "秘书长"系指本组织的秘书长。

第二条　适用范围

本公约适用于在一缔约国提起的有关公约所辖事项的诉讼或仲裁。

第三条　平台和钻井装置

本公约不适用于已就位的从事海底矿物资源的勘探、开发或生产的固定式、浮动式平台或移动式近海钻井装置。

第四条　国有船舶

1. 在不影响第五条规定的情况下,除一国另有规定外,本公约不适用于军舰或国家所有或经营的、根据公认的国际法准则在发生救助作业时享有主权豁免的其他非商业性船舶。

2. 如一缔约国决定其军舰或本条第 1 款所述的其他船舶适用本公约,则它应将此事通知秘书长,并说明此种适用的条款和条件。

第五条　公共当局控制的救助作业

1. 本公约不影响国内法或国际公约有关由公共当局从事或控制的救助作业的任何规定。

2. 然而,从事此种救助作业的救助人有权享有本公约所规定的有关救助作业的权利和补偿。

3. 负责进行救助作业的公共当局所能享有的本公约规定的权利和补偿的范围,应根据该当局所在国的法律确定。

第六条　救助合同

1. 除合同另有明示或默示的规定外,本公约适用于任何救助作业。

2. 船长有权代表船舶所有人签订救助合同。船长或船舶所有人有权代表船上财产所有人签订此种合同。

3. 本条不影响第七条的适用,也不影响防止或减轻环境损害的义务。

第七条　合同的废止和修改

如有以下情况,可以废止或修改合同或其任何条款:

1. 在胁迫或危险情况影响下签订的合同,且其条款不公平;或

2. 合同项下的支付款项同实际提供的服务大不相称,过高或过低。

第二章　救助作业的实施

第八条　救助人的义务及所有人和船长的义务

1. 救助人对处于危险中的船舶或其他财产的所有人负有下列义务：

（1）以应有的谨慎进行救助作业。

（2）在履行第（1）项所规定的义务时，以应有的谨慎防止或减轻环境损害。

（3）在合理需要的情况下，寻求其他救助人的援助。

（4）当处于危险中的船舶或其他财产的所有人或船长合理地要求其他救助人介入时，接受这种介入；但是，如果发现这种要求是不合理的，其报酬金额不得受到影响。

2. 处于危险中的船舶或其他财产所有人和船长对救助人负有下列义务：

（1）在救助作业的过程中，与救助人通力合作；

（2）在进行此种合作时，以应有的谨慎防止或减轻环境损害；和

（3）当船舶或其他财产已被送至安全地点后，如救助人提出合理的移交要求，接受此种移交。

第九条　沿海国的权利

本公约中的任何规定均不得影响有关沿海国的下述权利：根据公认的国际法准则，在发生可以合理地预期足以造成重大损害后果的海上事故或与此项事故有关的行动时，采取措施保护其岸线或有关利益方免受污染或污染威胁的权利，包括沿海国就救助作业作出指示的权利。

第十条　提供救助的义务

1. 只要不至于对其船舶及船上人员造成严重危险，每个船长都有义务援救在海上有丧生危险的任何人员。

2. 缔约国应采取必要措施履行第 1 款所规定的义务。

3. 船舶所有人对船长不履行第 1 款中的义务不承担责任。

第十一条　合作

在对诸如允许遇难船舶进港或向救助人提供便利等有关救助作业的事项作出规定或决定时，缔约国应考虑救助人、其他利益方同当局之间合作的需要，以保证为拯救处于危险中的生命或财产及为防止对总体环境造成损害而

进行的救助作业得以有效、成功的实施。

第三章 救助人的权利

第十二条 支付报酬的条件

1. 有效果的救助作业方有权获得报酬。

2. 除另有规定外,救助作业无效果,不应得到本公约规定的支付款项。

3. 如果被救船舶和救助船舶属于同一所有人,本章仍然适用。

第十三条 评定报酬的标准

1. 确定报酬应从鼓励救助作业出发,并考虑下列因素,但与其排列顺序无关:

(1)获救的船舶和其他财产的价值;

(2)救助人在防止或减轻对环境损害方面的技能和努力;

(3)救助人获得成功的程度;

(4)危险的性质和程度;

(5)救助人在救助船舶、其他财产及人命方面的技能和努力;

(6)救助人所花的时间、费用及遭受的损失;

(7)救助人或其设备的责任风险及其他风险;

(8)提供服务的及时性;

(9)用于救助作业的船舶及其他设备的可用性及使用情况;

(10)救助设备的备用状况、效能和设备的价值。

2. 按照第 1 款确定的报酬应由所有的船舶和其他财产利益方按其获救船舶和其他财产的价值比例进行支付,但是缔约国可在其国内法中作出规定,报酬须由这些利益方中的一方先行支付,该利益方有权向其他利益方按其分摊比例进行追偿。本条中的任何规定均不影响抗辩权。

3. 报酬金额不包括应付的利息及可追偿的法律费用,不得超过获救船舶和其他财产的价值。

第十四条 特别补偿

1. 如一船或其船上货物对环境构成了损害威胁,救助人对其进行了救助作业,但根据第十三条所获得的报酬少于按本条可得的特别补偿,则他有权按本条规定从该船的船舶所有人处获得相当于其所花费用的特别补偿。

2. 在第 1 款所述情况下,如果救助人因其救助作业防止或减轻了环境损害,则船舶所有人根据第 1 款应向救助人支付的特别补偿可另行增加,其最大增加额可达救助人所发生费用的30% 。然而,如果法院或仲裁庭认为公平、合理,并且考虑到第十三条第 1 款中所列的有关因素,则可将此项特别补偿进一步增加。但是,在任何情况下,其增加总额不得超过救助人所发生费用的百分之百。

3. 救助人所花费用,就第 1 款和第 2 款而言,系指救助人在救助作业中合理支出的现付费用和在救助作业中实际并合理使用设备和人员的公平费率,同时应考虑第十三条第 1 款第(8)、第(9)和第(10)项规定的标准。

4. 在任何情况下,本规定的全部特别补偿只有在其高于救助人根据第十三条获得的报酬时方予支付。

5. 如果由于救助人疏忽而未能防止或减轻环境损害,可全部或部分地剥夺其根据本条规定应得的特别补偿。

6. 本条的任何规定不影响船舶所有人的任何追偿权。

第十五条　救助人之间的报酬分配

1. 救助人之间的报酬分配应以第十三条中的标准为基础。

2. 每一救助船的所有人、船长及船上其他工作人员之间的报酬分配应根据该船旗国的法律确定。如救助作业不是在救助船上进行的,则其报酬分配应根据制约救助人与其受雇人所订合同的法律确定。

第十六条　人命救助

1. 获救人无须支付报酬,但本条规定不影响国内法就此作出的规定。

2. 在发生需要救助的事故时,参与救助作业的人命救助人有权从支付给救助船舶,其他财产或防止或减轻环境损害的救助人的报酬中获得合理份额。

第十七条　根据现有合同提供的服务

在危险发生之前所签署的合同不得依本公约的规定支付款项,除非所提供的服务被合理地认为已超出正常履行该合同的范围。

第十八条　救助人不当行为的后果

如因救助人的过失或疏忽或因救助人有欺诈或其他不诚实行为而使救助作业成为必需或更加困难,可剥夺救助人按本公约规定所得的全部或部分支付款项。

第十九条　制止救助作业

不顾船舶所有人、船长或其他处于危险中的不在船上而且未曾装过船的财产的所有人的明确而合理的制止而提供的服务,不产生本公约规定的支付款项。

第四章　索赔与诉讼

第二十条　优先请求权

1. 本公约任何规定不影响根据任何国际公约或国内法规定的救助人的优先请求权。

2. 当已提交或提供了包括利息和诉讼费用在内的令人满意的担保后,救助人不可行使其优先请求权。

第二十一条　提供担保的义务

1. 应救助人要求,根据本公约规定应支付款项的人,应对救助人的索赔,包括救助人的利息和诉讼费用,提供满意的担保。

2. 在不影响第 1 款的情况下,获救船舶的所有人,应尽力以保证在货物释放前,货物所有人对向其提出的索赔,包括利息和诉讼费用在内,提供满意的担保。

3. 在对救助人的有关船舶或财产的索赔提供满意的担保前,未经救助人同意,获救的船舶或其他财产不得从完成救助作业后最初抵达的港口或地点移走。

第二十二条　先行支付款项

1. 对救助人的索赔,有管辖权的法院或仲裁庭可根据案情,以公正合理的条件,通过临时裁定或裁决,责令向救助人先付公正合理的金额,包括适当的担保。

2. 根据本条规定,如已先行支付款项,则根据第二十一条所提供的担保应作相应的扣减。

第二十三条　诉讼时效

1. 如在两年内没有提起诉讼或仲裁,本公约规定的有关支付款项的任何诉讼便丧失时效。时效期限从救助作业结束之日起算。

2. 被索赔人可在时效期限内的任何时间,通过向索赔人提出声明,延长时效期限。该期限可以同样方式进一步延长。

3. 如果诉讼是在起诉地国的法律允许的时间内提起,即使上述两款规定的时效期限已届满,负有责任的人仍可提起要求补偿的诉讼。

第二十四条　利息

救助人根据本公约应得给付利息的权利,应按受理该案的法院或仲裁庭所在国的法律确定。

第二十五条　国有货物

除经国家所有人的同意外,本公约的任何规定均不得作为以任何法律程序或对物诉讼程序扣留、扣押或置留国家拥有的根据公认的国际法准则,在发生救助作业时,享有主权豁免的非商业性货物的根据。

第二十六条　人道主义货物

如果一国已同意向对其人道主义的货物所提供的救助服务支付费用,本公约中的规定均不得作为扣留、扣押或置留该国捐助的人道主义货物的根据。

第二十七条　仲裁裁决的公布

缔约国应在征得当事方同意的条件下,尽量鼓励公布救助案的仲裁裁决。

第五章　最后条款

第二十八条　签字、批准、接受、核准和加入

1. 本公约自 1989 年 7 月 1 日至 1990 年 6 月 30 日在本组织总部开放供签字。此后继续开放供加入。

2. 各国可按下列方式表示同意受本公约的约束:

(1)签字并对批准、接受或核准无保留;或

(2)签字而有待批准、接受或核准,随后再批准、接受或核准;或

(3)加入。

3. 批准、接受、核准或加入应向秘书长交存一份相应的文件。

第二十九条　生效

1. 本公约在 15 个国家表示同意受本公约约束之日后一年生效。

2. 对于在本公约生效条件满足后表示同意受本公约约束的国家,应在表示同意之日后 1 年生效。

第三十条　保留

1. 任何国家在签字、批准、接受、核准或加入时,就下列情况可保留不适用本公约规定的权利:

(1) 救助作业发生在内陆水域,而且涉及的所有船舶均为内陆水域航行的船舶;

(2) 救助作业发生在内陆水域,而且并不涉及船舶;

(3) 所有的利益方都是该国的国民;

(4) 有关财产为位于海床上的具有史前的、考古的或历史价值的海上文化财产。

2. 在签字时作出的保留须在批准、接受或核准时加以确认。

3. 对本公约作出保留的国家可在任何时候以向秘书长发出通知的方式撤销保留。这种撤销从收到通知之日起生效。如果该通知声明对某一保留的撤销应在该通知中载明的某一日期生效,而且该日期迟于秘书长收到通知的日期,则该撤销应在较迟的日期生效。

第三十一条　退出

1. 任一缔约国在本公约对其生效之日起 1 年后,可随时退出本公约。

2. 退出须向秘书长交存一份退出文件方为有效。

3. 退出本公约,应在秘书长收到退出文件 1 年后,或在退出文件中载明的较此更长的期限届满后生效。

第三十二条　修订和修正

1. 本组织可召开修订或修正本公约的会议。

2. 经 8 个或 1/4 缔约国的要求,以数大者为准,秘书长应召集修订或修正本公约的缔约国会议。

3. 在本公约的修正案生效之日后同意受本公约约束的任何表示应被视为适用于经修正的公约。

第三十三条　保存

1. 本公约由秘书长保存。

2. 秘书长应:

（1）将下列事项通知所有签署或加入本公约的国家以及本组织的所有会员国：

（a）每一新的签字或每一新的批准、接受、核准或加入书的交存及其日期；

（b）本公约的生效日期；

（c）任何退出本公约的文件的交存及其收到日期和退出的生效日期；

（d）根据第三十二条规定通过的任何修正案；

（e）收到根据本公约所作出的任何保留、声明或通知。

（2）将本公约核正无误的副本分发给已签署或加入本公约的所有国家。

3. 本公约一经生效，其保存人应按照《联合国宪章》第一百零二条的规定将本公约核正无误的一份副本送交联合国秘书长，供登记和公布。

第三十四条 语言

本公约正本一份，用阿拉伯文、中文、英文、法文、俄文和西班牙文写成，各种文本具有同等效力。

以下署名者，经各自政府正式授权，特签署本公约，以昭信守。

1989 年 4 月 28 日订于伦敦

国际油污防备、反应和合作公约

（1990 年 11 月 30 日）

本公约缔约国，

意识到保护人类环境，特别是海洋环境的必要性，

认识到船舶、近海装置、海港和油装卸设施的油污事故对海洋环境构成的严重威胁，

注意到预防措施和防止工作对于最初避免油污的重要性，严格实施有关海上安全和防止海洋污染的现有国际文件，特别是经修正的《1974 年国际海上人命安全公约》和经修正的《经 1978 年议定书修订的 1973 年国际防止船舶造成污染公约》的必要性，以及提高运油船舶和近海装置的设计、操作和保养标准的迅速发展，

又注意到，在发生油污事故时，迅速有效的行动对于减少此种事故可能造成的损害是必要的，

强调为抗御油污事故做好有效准备的重要性及石油和航运界在此方面具有的重要作用，

进一步认识到在诸种事项中相互支援和国际合作的重要性，其中包括交换各国对油污事故反应能力的资料、制订油污应急计划、交换对海洋环境或各国海岸线或有关利益可能造成影响的重要事故的报告和研究和开发海洋环境中抗御油污的手段等，

考虑到"污染者付款"的原则是国际环境法的普遍原则，

还考虑到包括《1969 年国际油污损害民事责任公约》（《责任公约》）、《1971 年设立国际油污损害赔偿基金国际公约》（《基金公约》）在内的有关国际油污损害赔偿责任的国际文件的重要性，以及《责任公约》和《基金公约》的1984 年议定书尽早生效的迫切需要，

进一步考虑到包括区域性公约和协定在内的双边和多边协定和安排的重要性，

注意到《联合国海洋法公约》，特别是其第十二部分的有关规定，

认识到根据发展中国家,特别是小的岛屿国家的特别需要,促进国际合作,提高国家、区域和全球油污防备和反应能力的需要,

考虑到缔结《国际油污防备、反应和合作公约》可以最好地达到上述目的,

兹协议如下:

第一条　总则

1. 各当事国承诺,按照本公约及其附件的规定,各自或联合地对油污事故采取一切适当的防备和反应措施。

2. 本公约的附件为本公约的组成部分,凡提及本公约,同时构成提及其附件。

3. 本公约不适用于任何军舰、军用辅助船或由国家拥有或使用并在当时只用于政府非商业性服务的其他船舶。但每一当事国应采取不影响由其拥有或使用的这类船舶的作业或作业能力的适当措施,确保此种船舶在合理和可行时,以符合本公约的方式活动。

第二条　定义

就本公约而言:

1. "油"系指任何形式的石油,包括原油、燃料油、油泥、油渣和炼制产品。

2. "油污事故"系指同一起源的一起或一系列造成或可能造成油的排放,对海洋环境或对一个或多个国家的海岸线或有关利益构成或可能构成威胁,需要采取紧急行动或其他迅速反应措施的事故。

3. "船舶"系指在海洋环境中营运的任何类型的船舶,包括水翼船、气垫船、潜水器和任何类型的浮动航行器。

4. "近海装置"系指从事天然气或石油的勘探、开发或生产活动或油的装卸的任何固定或浮动装置。

5. "海港和油装卸设施"系指具有油污事故风险的设施,其中包括海港、油码头、管道和其他的油装卸设施。

6. "本组织"系指国际海事组织。

7. "秘书长"系指本组织的秘书长。

第三条　油污应急计划

1. (1)每一当事国应要求有权悬挂其国旗的船舶在船上备有本组织为此目的通过的规定所要求的并符合此种规定的油污应急计划。

（2）按本款第（1）项要求在船上应备有油污应急计划的船舶,在某一当事国管辖的港口或离岸码头时,须根据现行国际协定或国内立法所规定的做法,接受由该当事国正式授权的官员的检查。

2. 每一当事国应要求由其管辖的近海装置的经营人备有油污应急计划;该计划应与按第六条设立的国家系统相协调并按国家主管当局规定的程序核准。

3. 每一当事国应视情要求负责由其管辖原此种海港和油的装卸设施的当局或经营人备有油污应急计划或类似安排,此种计划或安排应与按第六条设立的国家系统相协调并按国家主管当局规定的程序核准。

第四条 油污报告程序

1. 每一当事国应:

（1）要求负责悬挂其国旗的船舶的船长或其他人员和负责由其管辖的近海装置的人员,将其船舶或近海装置发生或可能发生排油的任何事件及时报告给:

（a）对于船舶,最近的沿海国;

（b）对于近海装置,管辖该装置的沿海国。

（2）要求负责悬挂其国旗的船舶的船长或其他人员和负责由其管辖的近海装置的人员,将发现的海上排油或出现油迹的事件及时报告给:

（a）对于船舶,最近沿海国;

（b）对于近海装置,管辖该装置的沿海国。

（3）要求负责由其管辖的海港和油装卸设施的人员,将任何排油和出现油迹的事件及时报告国家主管当局。

（4）指示其海上巡视船舶或飞机及其他适当机构或官员,视情及时向国家主管当局或最近沿海国报告在海上或在海港或油装卸设施发现的排油或出现油迹的事件。

（5）要求民用飞机驾驶员及时向最近沿海国报告发现的海上排油或出现油迹的事件。

2. 第1款第（1）项（a）中规定的报告应按本组织制定的要求并根据本组织通过的指南和普遍原则做出。在可行时,第1款第（1）项（b）以及第（2）、第（3）和第（4）项中规定的报告应尽可能按照本组织制定的指南和普遍原则做出。

第五条 收到油污报告时的行动

1. 当事国每当收到第四条所述的报告或其他来源提供的污染信息时，应：

（1）对事件作出评估，以判断是否发生了油污事故。

（2）对油污事故的性质、范围和可能的后果作出评估。

（3）然后将该报告或污染信息连同下述信息及时通知其利益受到或可能受到该油污事件影响的所有国家：

（a）评估的详细情况和已经或准备采取的任何处理该事故的措施；

（b）新的适当资料。

直至对该事故采取的反应行动结束或这些国家已决定采取联合行动。

2. 如果该油污事故很严重，各当事国应直接地或在适当时通过有关的区域性组织或安排，将第 1 款第（2）项和第（3）项中所述的信息提供给本组织。

3. 如果油污事故很严重，促请受到该事故影响的其他国家直接地或在适当时通过有关的区域性组织或安排，将它们对其利益所受威胁的程度所作出的评估以及已经或准备采取的任何行动通知本组织。

4. 各当事国在与其他当事国和本组织交换资料和进行联系时，应尽可能使用本组织制定的油污报告系统。

第六条 国家和区域的防备和反应系统

1. 每一当事国应建立对油污采取迅速和有效的反应行动的国家系统。此系统至少应包括：

（1）指定：

（a）负责油污防备和反应工作的国家主管当局。

（b）国家行动联络点。此种联络点应负责接收或发送第四条所述的油污报告。

（c）有权代表该国请求援助或决定按请求提供援助的当局。

（2）国家防备和反应应急计划。考虑到本组织制定的指南，该计划包括各种公共或私人机构间的组织关系。

2. 此外，每一当事国应在其力所能及的范围内，各自或通过双边或多边合作，并在适当时与石油界和航运界、港口当局及其他实体合作，以建立：

（1）提前就位的与有关风险相称的最低水平的溢油抗御设备及其使用

方案。

（2）油污反应组织演习和有关人员培训方案。

（3）详细的油污事故反应计划和始终具备的通信能力。

（4）对油污事故反应工作进行协调的机构或安排；在适当情况下，它们应具备调动必要资源的能力。

3. 每一当事国应确保直接地或通过有关的区域性组织或安排，向本组织提供下列最新资料：

（1）上述第 1 款第（1）项中所述的当局和实体的地点、通信资料及其负责区域（如果有的话）；

（2）关于在接到请求时可向他国提供的油污反应设备和油污反应及海上救助方面专门技术的资料；和

（3）其国家应急计划。

第七条 油污反应工作的国际合作

1. 各当事国同意，在油污事故严重到致使发生油污事故或受油污事故影响的当事国提出请求时，它们将根据其能力和具备的资源，为油污事故的反应工作开展合作并提供咨询服务、技术支持和设备。因援助费用而产生的财务问题应根据本公约附件所列规定处理。

2. 请求援助的当事国可要求本组织协助查找上述第 1 款中所述费用的临时资助来源。

3. 按照适用的国际协定，每一当事国均应采取必要的法律和行政措施，为下列事项提供便利：

（1）从事油污事故反应工作或运输处理此种事故所需人员、货物、器材和设备的船舶、飞机和其他运输工具抵离其领土和在其领土内使用；

（2）上述第（1）项中所述人员、货物、器材和设备迅速进入、通过和离开其领土。

第八条 研究和开发

1. 各当事国同意直接地和在适当时通过本组织或有关的区域性组织或安排，在推广和交流旨在提高当前油污防备和反应最新水平的研究和开发项目的成果方面进行合作，其中包括监视、围控、回收、消除、清除和其他减少或减轻油污影响的技术和恢复技术。

2. 为此,各当事国承诺,直接地或在适当时通过本组织或有关的区域性组织或安排在各当事国的研究机构间建立必要的联系。

3. 各当事国同意,直接或通过本组织或有关区域性组织或安排进行合作,以促进在适当时经常性举行包括油污抗御技术和设备的发展在内的有关问题的国际专题讨论会。

4. 各当事国同意,鼓励通过本组织或其他有关国际组织,制定兼容的油污抗御技术和设备的标准。

第九条　技术合作

1. 各当事国承诺,直接或通过本组织或其他国际机构,在油污防备和反应方面,视情向请求援助的当事国提供下述支援:

(1)培训人员;

(2)确保具备有关的技术、设备和设施;

(3)促进油污事故防备和反应的其他措施和安排;

(4)开展联合研究和开发项目。

2. 各当事国承诺,按照其国内法律、规则和政策,在转让油污防备和反应的技术方面积极合作。

第十条　促进防备和反应方面的双边和多边合作

各当事国应努力缔结关于油污防备和反应的双边或多边协定,此种协定的副本应送交本组织;本组织应在收到要求时将此种副本提供给当事国。

第十一条　与其他公约和国际协定的关系

本公约的任何规定不得被解释为改变了由其他公约和国际协定规定的任何当事国的权利和义务。

第十二条　机构安排

1. 在本组织同意和具备开展活动所需的适当资源的前提下,各当事国指定本组织履行下述职责和开展下述活动:

(1)资料服务:

(a)接收、整理和应要求散发当事国提供的资料(参见第五条第2和第3款、第六条第3和第10款等)和其他来源提供的有关资料;

(b)在查找费用的临时资金来源方面提供帮助(参见第七条第2款等)。

(2)教育和培训:

(a)促进油污防备和反应方面的培训工作(参见第九条等);

(b)促进国际专题讨论会的举行(参见第八条第 3 款等)。

(3)技术服务:

(a)促进研究和开发方面的合作〔参见第八条第 1、第 2 和第 4 款,以及第 9 条第 1 款第(4)项等〕;

(b)对建立国家或区域的反应能力的国家提供咨询;

(c)分析当事国提供的资料(参见第五条第 2 和第 3 款、第六条第 3 款和第八条第 1 款等)和其他来源提供的有关信息并向各国提供咨询和资料。

(4)技术援助:

(a)促进向建立国家或区域反应能力的国家提供技术援助;

(b)应面临重大油污事故国家的请求,促进提供技术援助和咨询。

2. 在执行本条所述的活动时,本组织应借鉴各国的经验,利用区域性协定和工业界安排,努力加强各国独自地或通过区域性安排防备和抗御油污事故的能力,并对发展中国家的需要给予特别注意。

3. 本条的规定应按本组织制订并经常加以检查的方案执行。

第十三条　评估公约

各当事国应根据本公约的宗旨,特别是合作和援助的原则,在本组织内对该公约的有效性作出评估。

第十四条　修正案

1. 本公约可以根据下列各款规定的某一程序予以修正。

2. 经本组织审议后的修正案:

(1)本公约的缔约国提出的任何修正案均应提交本组织,并应由秘书长在审议前至少 6 个月将其散发给本组织的所有会员和所有缔约国。

(2)按上述方式提出和散发的任何修正案均应提交本组织的海上环境保护委员会审议。

(3)本公约的缔约国,不论是否本组织的会员,均有权参加海上环境保护委员会的会议。

(4)修正案只能由出席会议并参加表决的本公约当事国的2/3 多数通过。

(5)修正案如按第(4)项获得通过,则秘书长应将其通知本公约的所有缔约国,以供接受。

（6）（a）本公约条款或附件的修正案,在其被 2/3 的缔约国接受之日即应视为已被接受;

（b）附录的修正案,在海上环境保护委员会于通过它时所确定的不少于 10 个月的时限满期时,即应视为已被接受,除非在此时限内有不少于 1/3 的缔约国通知秘书长表示反对。

（7）（a）按第（6）项（a）被接受的本公约条款或附件的修正案,对于已通知秘书长接受该修正案的缔约国,应在其视为已被接受之日后 6 个月生效。

（b）按第（6）项（b）被接受的附录的修正案,除在接受之日起表示反对该修正案的缔约国外,对于其他所有缔约国,应在其视为已被接受之日后 6 个月生效。缔约国可通过向秘书长提供一份书面的通知随时撤销原先的反对。

3. 会议通过的修正案:

（1）经某一个缔约国要求并得到至少 1/3 的缔约国同意,秘书长应召开本公约缔约国会议,审议本公约的修正案。

（2）经此种会议由出席并参加表决的缔约国的 2/3 多数通过的修正案,应由秘书长通知所有缔约国,以供接受。

（3）除非会议另有规定,否则该修正案应视为已按第 2 款第（6）和第（7）项中规定的程序接受和生效。

4. 构成附件或附录增补的修正案,应按适用于附件修正案的程序通过和生效。

5. 任何缔约国如未接受第 2 款第（6）项（a）规定的条款或附件的修正案或未接受第 4 款规定的构成附件或附录增补的修正案,或已通知反对第 2 款第（6）项（b）规定附录的修正案,就该修正案的适用范围而言,则应被视为非当事国。在其提交了第 2 款第（6）项（a）中规定的接受通知或提交了第 2 款第（7）项（b）中规定的撤销反对的通知后,这种对待即应终止。

6. 秘书长应将根据本条生效的修正案连同其生效日期通知所有缔约国。

7. 依据本条规定对某一项修正案作出的接受、反对或撤销反对的通知,应以书面形式通知秘书长。秘书长应将此种通知书及其收到日期通知本公约当事国。

8. 本公约的附录只应包含技术性规定。

第十五条 签署、批准、接受、核准和加入

1. 本公约自 1990 年 11 月 30 日至 1991 年 11 月 29 日止在本组织总部开放供签署,其后仍开放供加入。任何国家可以下列方式成为本公约的当事国:

(1)签署而不需批准、接受或核准。

(2)签署但有待批准、接受或核准,随后予以批准、接受或核准。

(3)加入。

2. 批准、接受、核准或加入,应向秘书长交存一份相应文件。

第十六条 生效

1. 本公约应在不少于 15 个国家已签署本公约而不需批准、接受或核准或已按第十五条交存必需的批准、接受、核准或加入文件之日后 12 个月生效。

2. 对于在达到本公约的生效条件之后,但在生效之日以前交存批准、接受、核准或加入文件的任何国家,此种批准、接受、核准或加入应在本公约生效之日生效,或在该文件交存之日后 3 个月生效,以日期迟者为准。

3. 对于在公约生效之日后交存批准、接受、核准或加入文件的国家,本公约在文件交存之日后 3 个月生效。

4. 在本公约的修正案按第十四条规定视为已被接受之日后,任何批准、接受、核准或加入文件应适用于经修正的本公约。

第十七条 退出

1. 任何当事国,在本公约对其生效之日起满 5 年后,可随时退出本公约。

2. 退出应向秘书长提交书面通知。

3. 退出应在秘书长收到退出通知书后 12 个月或在该通知书中所指明的任何更长时限满后生效。

第十八条 保存人

1. 本公约应由秘书长保存。

2. 秘书长应:

(1)将下列情况通知已签署或加入本公约的所有国家:

(a)每一新的签署或批准、接受、核准或加入文件的交存及其日期;

(b)本公约的生效日期;和

(c)退出本公约的任何文件的交存及其收到日期和退出的生效日期。

(2)将本公约核正无误的副本送交已签署或加入本公约的所有国家的政府。

第十九条　文字

本公约正本一份,用阿拉伯文、中文、英文、法文、俄文和西班牙文写成;每种文本具有同等效力。

下列具名者均经各自政府正式授权,特签署本公约,以昭信守。

1990 年 11 月 30 日订于伦敦

附件　援助费用的偿还

1.（1）除非在油污事故发生前已经缔结双边或多边的关于当事国处理油污事故行动的财务安排的协定,各当事国应按下列（a）和（b）承担各方处理污染行动的费用:

（a）如果某一当事国的行动系应另一当事国的明确请求而采取,则提出请求的当事国应偿还提供援助的当事国采取行动的费用。提出请求的当事国可以随时取消其请求,但在此种情况下,它应承担提供援助的当事国已经发生或承诺的费用。

（b）如果该行动系由某一当事国主动采取,则该当事国应承担其行动的费用。

（2）除有关当事国在个别情况下另有协议外,上述原则均适用。

2.　除非另有协议,否则某一当事国应另一当事国请求而采取的行动的费用,应按提供援助的当事国有关偿还此种费用的法律和现行做法公正地计算。

3.　在适当时,请求援助的当事国和提供援助的当事国应在索赔诉讼结案方面进行合作。为此,它们应对现行法律系统给予适当考虑。如果以此种方式结案的诉讼不允许全额赔偿援助活动所发生的费用,则请求援助的当事国可请求提供援助的当事国放弃对超出赔偿额的费用的偿还或减少按上述第 2款计算的费用。它也可请求推迟偿还这些费用。在考虑此种请求时,提供援助的当事国应对发展中国家的需要给予适当考虑。

4.　本公约的规定不应解释为在任何方面损害了当事国根据国内和国际法的其他适用规定和规则要求第三方偿还处理污染或污染威胁的行动所产生的费用的权利,特别要注意《1969 年国际油污损害民事责任公约》和《1971 年设立国际油污损害赔偿基金国际公约》和这些公约其后的修正案。

国际油污防备和反应合作会议最后文件

1. 根据《国际海事组织公约》第 2（b）条，该组织大会第十六届常会于 1989 年 10 月 19 日通过第 A. 674（16）号决议，决定召开一次国际会议，审议通过一项国际油污防备和反应公约。

2. 在这方面，大会于 1989 年 10 月 19 日在上述会议上通过了关于 1990—1991 年第十六个财政期间的工作方案和预算的第 A. 644（16）号决议，指出美利坚合众国政府已欣然同意为一次预备会议和一周外交会议提供必要的资金。

3. 随后，该组织获悉，日本政府和日本造船工业基金会已欣然同意提供额外资金，以便外交会议的会期可以延长到两周。

4. 会议于 1990 年 11 月 19 日至 30 日在伦敦国际海事组织总部举行。

5. 有以下 90 个国家的代表出席了会议：阿尔及利亚、安提瓜和巴布达、阿根廷、澳大利亚、巴哈马、巴林、孟加拉国、巴巴多斯、比利时、巴西、柬埔寨、喀麦隆、加拿大、佛得角、智利、中国、哥斯达黎加、科特迪瓦、塞浦路斯、朝鲜民主主义人民共和国、丹麦、厄瓜多尔、埃及、萨尔瓦多、埃塞俄比亚、斐济、芬兰、法国、加蓬、德国、加纳、希腊、几内亚、冰岛、印度、印度尼西亚、伊朗（伊斯兰共和国）、意大利、日本、约旦、肯尼亚、科威特、黎巴嫩、利比里亚、马拉维、马来西亚、马尔代夫、马耳他、马绍尔群岛、毛里求斯、墨西哥、摩纳哥、摩洛哥、缅甸、荷兰、新西兰、尼日利亚、挪威、巴基斯坦、秘鲁、菲律宾、波兰、葡萄牙、韩国、罗马尼亚、圣卢西亚、圣文森特和格林纳丁斯、沙特阿拉伯、塞内加尔、塞舌尔、新加坡、西班牙、苏丹、瑞典、泰国、特立尼达和多巴哥、突尼斯、土耳其、乌干达、乌克兰、苏联、大不列颠及北爱尔兰联合王国、坦桑尼亚联合共和国、美利坚合众国、乌拉圭、瓦努阿图、委内瑞拉、越南、扎伊尔。

6. 下列国家派观察员出席了会议：古巴、危地马拉和南斯拉夫。

7. 国际海事组织准成员香港派观察员出席了会议。

8. 联合国下列机构的代表出席了会议：

联合国环境规划署（UNEP）

联合国工业发展组织(UNIDO)

联合国教育、科学及文化组织(UNESCO)

政府间海洋学委员会(IOC)

9. 下列 4 个政府间组织派观察员出席了会议:

经济合作与发展组织(OECD)

欧洲经济共同体委员会(CEC)

国际油污赔偿基金(IOPC FUND)

赫尔辛基委员会(HELCOM)

10. 下列 9 个非政府国际组织派观察员出席了会议:

国际航运公会(ICS)

国际海事委员会(CMI)

国际港口协会(IAPH)

国际船级社协会(IACS)

石油公司国际海事论坛(OCIMF)

国际石油工业勘探和开发论坛(E&P FORUM)

国际独立油轮船东协会(INTERTANKO)

国际油轮船东防污染联合会(ITOPF)

海洋保护咨询委员会（ACOPS)

11. 摩洛哥王国驻英国特命全权大使兼摩洛哥代表团团长阿·蔡尼纳德先生当选为会议主席。

12. 会议选出的副主席为:

C. 马萨多·托莱多先生(智利)

俞志忠先生(中国)

J. 奥斯特嘉先生(丹麦)

O. O. 乔治先生(尼日利亚)

T. T. 西奎亚先生(菲律宾)

O. A. 萨文先生(苏联)

13. 会议秘书处由下列主席团成员组成:

秘书长:W. A. 奥尼尔先生

执行秘书:海洋环境司司长 K. 沃斯克伦斯基先生

副执行秘书:海洋环境司高级副司长 J. 旺姆先生

海洋环境司副司长 D. T. 爱德华兹先生

14. 会议设立了一个全体委员会,负责审议《国际油污防备、反应和合作公约》的草案案文以及相关建议和决议。

15. 会议设立的起草委员会由下列 9 个国家的代表组成:阿根廷、中国、埃及、法国、日本、西班牙、苏联、大不列颠及北爱尔兰联合王国、美利坚合众国。

16. 任命全权证书委员会审查与会代表的全权证书。委员会由下列国家的代表组成:喀麦隆、伊朗(伊斯兰共和国)、意大利、波兰和委内瑞拉。

17. 各委员会选出的主席团成员如下:

全体委员会:

主席:E. 詹森(挪威)

副主席:G. B. 库珀先生(利比里亚)

P. E. J. 罗杰斯博士(巴哈马)

起草委员会:

主席:Y. 佐佐村先生(日本)

副主席:J. F. 列维先生(法国)

资格审查委员会:

主席:J. 沃诺先生(波兰)

18. 本会议将下列工作作为其工作的基础:

—筹备会议拟订的《国际油污防备和反应公约》草案。

—筹备会议编写的会议决议草案。

19. 会议还审议了各国政府和有关组织提交会议的关于上述文件的建议和评论。

20. 经过审议,会议通过了1990 年《国际油污防备、反应和合作公约》。

21. 会议还通过了以下决议:

(1)国际海事组织根据1990 年《国际油污防备、反应和合作公约》条款制定的文书和其他文件。

(2)1990 年《国际油污防备、反应和合作公约》生效前的执行情况。

(3)早日执行1990 年《国际油污防备、反应和合作公约》第十二条的规定。

(4)1990 年《国际油污防备、反应和合作公约》第六条规定的执行情况。

（5）建立油污抗御设备贮存库。

（6）促进技术援助。

（7）制定和实施石油污染防备和反应培训方案。

（8）改善救助服务。

（9）国家与保险公司之间的合作

（10）扩大 1990 年《国际油污防备、反应和合作公约》的范围，以包括有害和有毒物质。

这些决议载于本最后文件的附件中。

22．本最后文件正本一份，用阿拉伯文、中文、英文、法文、俄文和西班牙文写成，交由国际海事组织秘书长保存。

23．秘书长应根据各国政府的意愿，将本最后文件的核证副本及其附件和公约正本的核证副本送交至应邀出席会议的各国政府。

下列签署人在本最后文件上签字，以资证明。

1990 年 11 月 30 日订于伦敦

附　件

会议决议 1　国际海事组织根据 1990 年《国际油污防备、反应和合作公约》条款制定的文书和其他文件

会议，

通过了 1990 年《国际油污防备、反应和合作公约》（简称《OPRC 公约》），

认识到《OPRC 公约》所采取的措施考虑到国际海事组织制定的其他重要公约的规定，特别是经 1978 年有关议定书修正的 1973 年《国际防止船舶造成污染公约》（简称《MARPOL 73/78 公约》），

又认识到《OPRC 公约》需要补充而不是重复该组织通过或主持通过的重要规定，例如《MARPOL 73/78 公约》准则和手册所载的规定，

注意到《OPRC 公约》第三、第四、第五和第六条特别提到《MARPOL 73/78 公约》的某些规定和本组织制定的其他文件，

1. 通过本决议附件所载的清单,其中载有本组织根据《OPRC 公约》有关条款制定的文书和其他文件的参考资料。

2. 请本组织的海洋环境保护委员会更新名单。

3. 请本组织秘书长以相关条款脚注的形式将这些参考资料列入今后出版的《OPRC 公约》出版物,并在必要时加以更新。

《OPRC 公约》中的参考资料

1. 第三条第 1 款第(1)项"本组织⋯通过的规定",参见《MARPOL 73/78 公约》附件 1 第二十六条。

2. 第三条第 1 款第(2)项"现行国际协定",参见《MARPOL 73/78 公约》第五条和第七条。

3. 第四条第 2 款"按本组织制定的要求",参见《MARPOL 73/78 公约》第八条及议定书 1。

"本组织通过的指南和普遍原则",参见国际海事组织第 A.648(16)号决议通过的《船舶报告制度及船舶报告要求总则(包括危险货物、有害物质和/或海洋污染物事故报告指南)》。

4. 第五条第 4 款"本组织制定的油污报告系统",系指编入国际海事组织海上环境保护委员会制定的《防止油污手册》(第 II 部分)应急计划的附录 2。

5. 第六条第 1 款第(2)项"本组织制定的指南",系指编入国际海事组织海上环境保护委员会制定的《防止油污手册》(第 II 部分)应急计划。

会议决议 2　1990 年《国际油污防备、反应和合作公约》生效前的执行情况

会议,

通过了 1990 年《国际油污防备、反应和合作公约》(简称《OPRC 公约》),

认识到重大石油污染事件的持续风险和由此可能产生的严重环境后果,

深信各国在有关防备和应对石油污染的信息和援助方面进行合作交流的重要性,

注意到尚未随时获得关于防备和应对石油污染的信息和咨询意见的国家的特殊脆弱性,

进一步认识到每一个面临石油污染事件危险的国家都应建立一个防治石

油污染的国家制度,

希望《OPRC 公约》的规定尽快生效,以促进在油污防备和反应方面的国际合作,

1. 呼吁所有国家,包括尚未参加这次会议的国家,尽快签署和加入《OPRC 公约》,并执行其规定。

2. 敦促各国尽快并尽可能建立防治石油污染的国家制度。

3. 进一步敦促所有国家,在《OPRC 公约》对其生效之前,彼此之间合作并酌情与国际海事组织进行合作,交流石油污染防治信息,并在发生重大石油污染事件时迅速提供援助。

会议决议 3　早日执行 1990 年《国际油污防备、反应和合作公约》第十二条的规定

会议,

通过了 1990 年《国际油污防备、反应和合作公约》(简称《OPRC 公约》),

注意到国际海事组织大会关于防止海洋污染重大事件或威胁的区域协定的第 A. 448(Xi)号决议的规定,以及大会关于保护海洋环境领域技术援助的进一步决议〔A. 349(Ⅸ),A677(16)〕,

还特别注意到《OPRC 公约》第十二条,缔约国在该条中指定海事组织在符合其协议和有足够资源支持该活动的情况下,履行某些职责和开展某些活动,并实现《OPRC 公约》的某些目标,

进一步注意到必须考虑到大会第 A. 674(16)号决议中提到的关于在防止海洋污染事件的区域协定中取得的经验,

1. 请本组织秘书长在《OPRC 公约》生效之前,在现有资源范围内,着手早日履行各项职能和开展有关活动,以实现《OPRC 公约》第一条的目标。

2. 请本组织提供一个论坛,讨论在有关防止石油污染事件的区域公约和协定内取得的经验。

3. 请秘书长在本会议召开后一年内向本组织提出一项方案,说明本组织打算如何履行本公约所述职责,其中包括重新分配现有资源、审查和制定替代性组织安排以及确定所涉经费问题和可能的资助来源等内容。

4. 还请本组织定期审查在执行《OPRC 公约》第十二条方面取得的进展。

会议决议 4 1990 年《国际油污防备、反应和合作公约》第六条规定的执行情况

会议，

通过了 1990 年《国际油污防备、反应和合作公约》（简称《OPRC 公约》），

认识到"污染者付费"原则的重要性，

注意到《OPRC 公约》第六条的规定，缔约方应建立包括应急计划的国家系统，并应单独或与其他缔约国合作建立特别包括反应设备和培训方案的安排，

意识到一旦发生石油污染事件，受威胁国家立即采取的措施至关重要，而且在初期可能最有效地保护其海岸，并最大限度地减少此类事件造成的潜在损害，

强调当受到威胁的国家要求国际援助时，由于距离遥远，人员和设备的派遣可能需要一段时间，

还强调援助的有效性取决于为准备应对措施和人员培训以实施受威胁国家的国家应急计划而采取的措施，

铭记一些发展中国家可用的财政资源有限，

又认识到为准备作出反应而采取的措施需要为此目的提供具体的财政援助，以造福发展中国家，

1. 请缔约国在双边和多边合作项目中，在公正的条件下，适当地考虑发展中国家因执行《OPRC 公约》而产生的需要。

2. 也请本组织秘书长协助查明可以提供具体资助以协助发展中国家履行《OPRC 公约》规定的义务的国际机构。

会议决议 5 建立油污抗御设备贮存库

会议，

通过了 1990 年《国际油污防备、反应和合作公约》（简称《OPRC 公约》），

注意到《OPRC 公约》第六条第 2 款第(1)项的规定,每一当事国应在其力所能及的范围内,各自或通过双边或多边合作,并在适当时与石油界和航运界、港口当局及其他实体合作,以建立提前就位的与有关风险相称的最低水平的溢油抗御设备以及它们的使用方案,

又注意到国际海事组织保护海洋环境战略的基本要点之一是加强国家和区域采取行动防治海洋污染的能力,并为此目的促进技术合作,

认识到一旦发生石油泄漏或威胁,应首先在国家一级迅速采取有效行动,组织和协调预防、缓解和清理活动,

又认识到"污染者付费"原则是在污染损害后提供资金的基本原则之一,

进一步认识到在抗御可能超出个别国家能力的重大石油污染事件时,互相合作援助的重要性,并认识到在因船舶交通密度高或生态条件特别敏感而易受重大石油污染事故损害的世界某些地区需要加强油污抗御设备,

感谢本组织与捐助国和工业界合作,在发展中国家特别是容易受到重大石油污染事件损害或面临重大石油污染事件风险的地区建立油污抗御设备贮存库或中心而进行的活动,

请本组织秘书长与联合国环境规划署执行主任协商,与石油和航运业接触,以期:

1. 鼓励进一步合作,以协助发展中国家执行《OPRC 公约》第六条,包括评估除了已经建立的油污抗御设备贮存库,还需要建立和评估区域或分区域设备贮存库的必要性。

2. 制订在区域或分区域基础上建立油污抗御设备贮存库的计划,以协助发展中国家执行《OPRC 公约》第六条第 2 款第(1)项。

会议决议6 促进技术援助

会议,

通过了 1990 年《国际油污防备、反应和合作公约》(简称《OPRC 公约》),

注意到任何抗御海洋污染行动取得成功的关键因素是有关国家在这一领域的良好行政组织和至少有最低水平的技术准备,

意识到某些发展中国家在利用本国资源建立这种组织和筹备方面可能遇

到的困难，

认识到国际海事组织、区域协定、双边合作和工业项目在这方面发挥的作用，

又确认本组织技术合作项目以及联合国开发计划署、联合国环境规划署、各国援助机构在这方面作出的贡献，

又注意到第 A. 677(16)号决议请本组织秘书长优先评估发展中国家面临的问题，以期制定本组织环境领域技术援助方案的长期目标，并向本组织大会第十七届会议报告结果，

还注意到秘书长为此目的召集了一个咨询小组，

1. 要求本组织成员国与本组织，并酌情与其他有关国家、有关国际或区域性组织和工业项目合作，以加强援助发展中国家的行动，特别是在以下方面：

(1)人员培训。

(2)确保相关技术、设备和设施的可用性。

这对油污防备和反应是必要的，以使它们能建立与这类石油污染事件风险相称的最低限度的抗御油污事故的组织和资源。

2. 又要求会员国与本组织，并酌情与其他有关国家、有关国际或区域性组织和工业项目合作，以加强协助发展中国家启动联合研发项目的行动。

3. 敦促各会员国及时为此类行动，特别是通过双边或多边合作，作出贡献。

4. 还请本组织参照 1992 年联合国环境与发展会议，重新评估《OPRC 公约》第七、第八和第九条中体现的合作和援助原则。

会议决议 7　制定和实施石油污染防备和应对培训方案

会议，

通过了 1990 年《国际油污防备、反应和合作公约》(简称《OPRC 公约》)，

注意到国际海事组织海洋环境保护战略的一项关键内容是加强国家和区域采取行动预防、控制、打击和减轻海洋污染的能力，并为此目的促进技术合作，

意识到一个国家应对石油污染事件的能力取决于是否有油污抗御设备和训练有素的溢油应急人员，

认识到本组织在组织国家、区域和全球培训课程及开发培训辅助工具方面的作用，这些培训辅助工具旨在提供必要的技术专门知识，特别是为发展中

国家提供这方面的技术专门知识,以应对海洋污染事件,

又认识到世界海事大学及其分支机构在为人员,特别是发展中国家人员提供高级别培训设施方面的作用,

还确认联合国开发计划署、联合国环境规划署和本组织若干成员国对本组织技术合作方案培训部分的支持,

考虑到与海上石油运输及其环境影响有关的所有各方需要为制定全球石油污染防备和应对培训方案加强全球性的努力,

1. 请本组织秘书长与有关国家政府、有关国际和区域性组织以及石油界和航运界合作,努力制定一项石油污染防备和反应领域的综合培训方案。

2. 也请本组织海洋环境保护委员会根据秘书长的提议,酌情审议和核准这种关于油污防备和反应的培训方案。

3. 还请本组织会员国努力提供制定和执行培训方案所需的专门知识。

会议决议 8　改善救助服务

会议,

通过了 1990 年《国际油污防备、反应和合作公约》(简称《OPRC 公约》),

考虑到需要确保全世界有足够的救助能力,并赞赏和奖励救助方对海洋污染的预防作用,

回顾已经对救助方防止救助作业造成海洋污染制定了奖励措施的 1989 年《国际救助公约》尚未生效,

感兴趣地注意到第三次保护北海国际会议于 1990 年 3 月 8 日决定在国际海事组织内采取协调一致的行动,以确保全世界有足够的救助能力,

认识到救助方在国际范围内有效运作救助服务的专门知识和经验,

还认识到救助方在应对造成或可能造成海洋污染的人员伤亡方面的重要作用,

铭记有迹象表明,相当一部分适当的救助知识可能不再适用于救助目的,

意识到需要有足够的救助能力安排在国际石油和其他有害物质运输的主要航线上,

1. 敦促各国尽快批准或加入 1989 年《国际救助公约》。

2. 要求本组织成员国检查其具备的救助能力,并至迟在会议后一年内向本组织报告其适合进行以防止或尽量减少对海洋环境的损害为目的的救助作业的公有和私有救助能力。

3. 要求其海岸线受到海洋污染事件威胁或损害的会员国向本组织报告其为利用救助能力应对这类事件而采取的任何适当措施。

4. 要求本组织秘书长就当前和未来具备的救助能力与国际救助联盟、救助方、保险公司、船东和石油业协商,并向本组织海洋环境保护委员会报告其协商结果。

会议决议 9 国家与保险公司的合作

会议,

通过了 1990 年《国际油污防备、反应和合作公约》(简称《OPRC 公约》),

意识到受污染事件影响的国家在获取防治污染的有用和必要信息方面可能遇到的困难,

认识到保险公司、顾问和技术专家在提供这类信息方面的潜在作用,

深信遭受污染的国家与保险公司应建立密切的合作关系,

要求保险公司、技术专家和顾问与各国合作,交流技术信息,以便在发生石油污染事件时作出有效反应。

会议决议 10 扩大 1990 年《国际油污防备、反应和合作公约》的范围,以包括有害和有毒物质

会议,

通过了 1990 年《国际油污防备、反应和合作公约》(简称《OPRC 公约》),

注意到《国际海事组织公约》关于海洋环境保护委员会或该组织履行国际公约所赋予或可能赋予该组织的职能的第 38(a)条,

认识到意外排放有害和有毒物质污染海洋可能威胁海洋环境和沿海国的利益,

又认识到现有关于危险物质运输的国际文书和大会关于危险废物越境转

移的第 A. 676(16)号决议,

又铭记许多关于合作应对海洋污染事件的现有区域公约和协定既适用于石油,也适用于其他有害物质,

认为宜扩大《OPRC 公约》的范围,使其全部或部分适用于涉及危险和有毒物质的海洋污染事件,

又认为公约缔约国宜在可行和适当的情况下,将《OPRC 公约》适用于涉及石油以外有害和有毒物质的海洋污染事件,

认为对涉及有害和有毒物质的海洋污染事件作出反应的方式和方法在某些重要方面不同于对石油污染作出防备和反应的方式和方法,

还认识到本组织正在开展工作,制定海上运输危险和有毒物质方面的国际责任和赔偿法律制度,并需要早日通过一项关于这一问题的公约,

1. 请国际海事组织着手制定适当文书,扩大《OPRC 公约》的范围,以便使其全部或部分适用于石油以外危险物质造成的污染事件,并为此目的拟订一项建议。

2. 敦促《OPRC 公约》缔约国在涵盖有害和有毒物质的文书通过和生效之前,在可行和适当的情况下,对这些物质适用公约的适当规定。

（二）区域条约和文书

卡斯特里宣言*

（1989 年 11 月 24 日）

圣卢西亚卡斯特里当局,1989 年 11 月 20 日至 24 日

我们东加勒比国家组织(OECS)的总理、副总理、首席部长和其他部长全权代表:

认识到海洋渔业对东加勒比国家组织区域各国人民日益重要,

深切关注海洋中的流网和其他无选择渔具对海洋环境造成的损害,

意识到在东加勒比国家组织区域的水域使用在其他某些地区限制使用的流网技术的外国渔船之捕鱼活动日益增加,

深信在东加勒比国家组织区域水域扩散使用这些轻率、不负责任和破坏性捕捞技术会永久改变该区域海洋生物资源的性质和丰富程度,

考虑到 1982 年《联合国海洋法公约》的规定,特别是第六十一条、第六十三条、第六十四条、第七十三条、第一百一十六条、第一百一十七条、第一百一十八条和第一百一十九条,

注意到在公海或沿海国专属经济区滥用渔具不符合《联合国海洋法公约》所载的法律规定,

确认各国有权利和义务确保妥善管理和养护其专属经济区内的海洋生物资源,并确认东加勒比国家组织各国为养护和保护渔业资源进行合作的共同利益,

决心寻求建立一个管制和管理小安的列斯群岛区域中上层资源的区域制

＊见 A/45/64,附件。

度,禁止商业渔船使用流网和其他破坏性捕捞方法,并呼吁该区域其他国家在这方面进行合作,

决心东加勒比国家组织的所有成员国在此期间采取一切可能的措施,防止在其专属经济区内滥用捕捞方法,

进一步决心各会员国单独和集体采取行动,在有关区域和国际组织内采取一切可能的行动,促进全球限制有害捕捞的做法。

塔拉瓦宣言*

（1989 年 7 月 11 日）

1989 年 7 月 10 日和 11 日在塔拉瓦举行的南太平洋论坛会议，

认识到太平洋岛屿人民对海洋资源的严重依赖，

深切关注中上层流网捕鱼目前对南太平洋区域的经济和环境造成的损害，

深信这种不负责任、破坏性的滥捕技术威胁到长鳍金枪鱼资源的生存，从而威胁到论坛岛国的经济福祉，

对日本和中国台湾地区未能回应本地区各国对这一最严重问题的关切深感遗憾，

注意到养护渔业资源符合活跃在该区域的主要渔业国家和本论坛的共同利益，

又注意到该区域内外所有国家都受到世界海洋资源管理不善、流网捕鱼造成的环境危害和对安全航行的威胁的影响，

回顾 1982 年《联合国海洋法公约》的有关规定，特别是第六十三条、第六十四条、第八十七条、第一百一十六条、第一百一十七条、第一百一十八条和第一百一十九条，

认识到南太平洋长鳍金枪鱼渔业目前使用的流网不符合公海渔业养护和管理的权利和义务以及环境原则方面的国际法要求，

决心为太平洋人民及其后代谋求建立一个南太平洋长鳍金枪鱼管理制度，禁止在该区域进行流网捕鱼，这样的禁止可能是全面禁止这种捕捞的第一步，

决定为此目的召开一次区域外交、法律和渔业专家紧急会议，以制定一项公约，落实其建立无流网捕鱼区的共同决心，

呼吁国际社会支持并合作紧急缔结一项建立该区域的公约，

决心南太平洋论坛各成员国在此期间将采取一切可能措施，防止在其水

＊见 A/44/463，附件第 34 段。

域内进行流网捕鱼,否则将积极阻止流网捕鱼者的作业,

还决心会员国单独和集体采取行动,在有关国际组织内采取力所能及的行动,为停止这种有害的捕鱼方式作出贡献,

赞扬韩国决定停止在该区域使用流网捕鱼,

呼吁日本和中国台湾地区以此为榜样,立即放弃破坏性的流网作业。

1989 年 7 月 11 日签署于基里巴斯塔拉瓦

禁止在南太平洋使用长流网捕鱼公约*

（1989 年 11 月 23 日）

本公约各缔约国，

认识到海洋生物资源对南太平洋地区人民的重要性，

深切关注中上层流网捕鱼目前对长鳍金枪鱼资源以及南太平洋地区的环境和经济造成的损害，

还关切流网捕鱼对航行构成的威胁，

注意到大规模流网捕鱼引起的捕捞能力的提高威胁到南太平洋的鱼类种群，

铭记国际法的有关规则，包括 1982 年 12 月 10 日在蒙特哥湾订立的《联合国海洋法公约》的规定，特别是第五、第十一和第十六部分，

回顾 1989 年 7 月 11 日在塔拉瓦举行的南太平洋论坛上通过的宣言，即应通过一项公约，禁止在南太平洋地区使用流网，

又回顾在关岛举行的第二十九次南太平洋会议的决议，其中呼吁立即禁止在南太平洋委员会区域使用流网捕鱼的做法，

兹协议如下：

第一条 定义

为本公约及其议定书的目的：

1.“公约领域”，

（1）除本款第（2）项另有规定外，其为北纬 10 度、南纬 50 度、东经 130 度、西经 120 度范围内的区域，并应包括本公约任何缔约国渔业管辖下的所有水域。

（2）对于根据第十条第 1 款第（2）项或第 1 款第（3）项成为《公约》缔约国的国家或地区而言，它应仅包括该缔约国在第十条第 1 款第（2）项或第 1 款第（3）项所指领土附近的渔业管辖范围内的水域。

2.“流网”是指刺网或其他网或长度超过 2.5 千米的一组网，其目的是通过在水面或水中漂流来网罗、诱捕或缠住鱼类。

3.“流网捕鱼活动”是指：

（1）使用流网捕捞、捕捉或者收获鱼类。

（2）企图用流网捕捞、捕捉或收获鱼类。

＊1991 年 5 月 17 日生效。

（3）使用流网从事任何其他可以合理预期会导致捕捞、捕捉或收获鱼类的活动，包括搜寻和定位该方法捕捞的鱼类。

（4）支持或准备本款所述任何活动的海上作业，包括放置、搜索或回收集鱼装置或无线电信标等相关电子设备的作业。

（5）与本款所述活动有关的飞机的使用，但涉及机组人员健康或安全或船舶安全的紧急情况下的飞行除外。

（6）运输、转运和加工任何流网渔获物，合作为装备或从事流网捕鱼的船只提供食物、燃料和其他用品。

4."渔业局论坛"是指南太平洋渔业局论坛。

5."渔船"是指用于搜寻、捕捞、加工或者运输鱼类或其他海洋生物的任何船只或船舶。

第二条　关于国民和船只的措施

各缔约国承诺禁止本国国民和法律规定的船只在公约区域内从事流网捕鱼活动。

第三条　打击流网捕鱼活动的措施

1. 各缔约国承诺：

（1）不协助或鼓励在公约区域内使用流网。

（2）采取符合国际法的措施，限制公约区域内的流网捕鱼活动，包括但不限于：

（a）禁止在渔业管辖区内使用流网。

（b）禁止在其管辖范围内转运流网渔获物。

2. 各缔约国还可采取符合国际法的措施：

（1）禁止流网捕捞在其境内登陆。

（2）禁止在其管辖的设施内加工流网渔获物。

（3）禁止进口任何使用流网捕获的鱼类或鱼类产品，不论其加工与否。

（4）限制流网渔船进出港口和港口服务设施。

（5）禁止在其渔业管辖区内的任何渔船上设置流网。

3. 本公约的任何规定均不妨碍一缔约国对流网捕鱼活动采取比本公约要求更严格的措施。

第四条　执行

1. 各缔约国应采取适当措施，确保本公约各项规定的适用。

2. 缔约国承诺开展合作，以便利监督和执行缔约国根据本公约采取的措施。

3. 缔约国承诺采取措施,撤销由论坛渔业局维护的区域登记册上存有的任何从事流网捕鱼活动的外国渔船的良好信誉。

第五条　与非缔约国协商

1. 缔约国应设法就对养护公约区域内的海洋生物资源或执行公约及其议定书产生不利影响的流网捕鱼活动有关的事项与有资格成为本公约缔约国的任何国家协商。

2. 缔约国应设法与本条第 1 款所述的任何国家达成协议,承认第二条和第三条规定的禁令。

第六条　机构安排

1. 论坛渔业局负责履行以下职能:

(1)收集、编制和传播关于公约区域内流网捕鱼活动的资料;

(2)促进对公约区域内流网捕鱼活动的影响进行科学分析,包括与适当的区域和国际组织协商;

(3)编写并向缔约方提交关于公约区域内任何流网捕鱼活动和为执行本公约或其议定书而采取的措施的年度报告。

2. 各方应迅速向论坛渔业局转达:

(1)关于它为执行公约而采取的措施的资料;

(2)与公约区域有关的流网捕鱼活动的信息和科学分析。

3. 所有缔约国,包括非论坛渔业局成员的国家或地区,以及论坛渔业局应合作促进本条的有效执行。

第七条　缔约国之间的审查和磋商

1. 在不妨碍缔约国以其他方式进行磋商的情况下,论坛渔业局应根据 3 个缔约国的请求召开缔约国会议,以审查本公约及其议定书的执行情况。

2. 议定书缔约国应被邀请参加任何此类会议,并以公约缔约国确定的方式参加。

第八条　养护和管理措施

本公约缔约国应相互合作,并适当地与远洋捕鱼国和其他实体或组织合作,在公约区域内制定南太平洋长鳍金枪鱼的养护和管理措施。

第九条　议定书

本公约可由议定书或相关文书加以补充,以进一步实现其目标。

第十条　签署、批准和加入

1. 本公约应开放供下列各方签署:

（1）论坛渔业局的任何成员；

（2）任何国家对其负有国际责任的位于公约区域内的任何地区；

（3）公约区域内由负有国际责任的国家政府授权签署公约并承担公约规定的权利和义务的任何地区。

2. 本公约须经论坛渔业局成员和本条第 1 款所述其他国家和地区批准。批准书应交由作为保存人的新西兰政府保存。

3. 本公约应继续开放供论坛渔业局成员和本条第 1 款所指的其他国家和地区加入。加入书应交保存人保存。

第十一条　保留

不得对本公约作出任何保留。

第十二条　修正案

1. 任何缔约国可对本公约提出修正案。

2. 修正案应由缔约国协商一致通过。

3. 通过的任何修正案应由保存人提交所有缔约方批准、核准或接受。

4. 修正案应在保存人收到所有缔约国的批准、核准或接受文书后 30 天生效。

第十三条　生效

1. 本公约自第四份批准书或加入书交存之日起生效。

2. 对于在第四份批准书或加入书交存之日后批准或加入本公约的论坛成员国或国家或地区,本公约自其批准书或加入书交存之日起生效。

第十四条　认证和登记

1. 本公约及其议定书的原件应交保存人保存,保存人应将经核证的副本送交所有有资格成为公约缔约方的国家和地区以及所有有资格成为公约议定书缔约方的国家。

2. 保存人应根据《联合国宪章》第一百零二条登记本公约及其议定书。

1989 年 11 月 23 日订于惠灵顿,以英文和法文写成,每种文本具有同等效力。

下列署名人经本国政府正式授权,在本公约上签字,以昭信守。

印度洋海洋事务合作组织（IOMAC）协定

（1990 年 9 月 7 日）

各缔约国，

作为印度洋的沿海和内陆国家：

铭记印度洋的资源及其为该区域各国的经济和社会发展作出贡献的潜力，并鉴于《联合国海洋法公约》所体现的新海洋制度，促进它们之间和它们与其他国家的合作，

重申致力于印度洋的和平开发和合理管理，

回顾 1987 年在斯里兰卡科伦坡举行的新海洋制度下印度洋海洋事务经济、科学和技术合作第一次部长级会议以及此后在这种合作方面取得的进展，

认为宜正式承认适用于这种合作的原则和这种合作的机构，

兹协议如下：

一、定 义

第一条 定义

鉴于本协定目的：

"印度洋沿岸国"是指其海岸与印度洋或其邻近海域或海湾接壤或位于其中的国家。

"内陆国家"是指与印度洋沿岸国家直接相邻的国家。

"内陆国"的含义与《联合国海洋法公约》相同。

"地理不利国"的含义应与《联合国海洋法公约》相同。

"积极参与印度洋海洋事务"是指在印度洋或其邻近海域或海湾开展实质性海洋事务活动。

二、一般规定

第二条 设立

1. 兹设立印度洋海洋事务合作组织（IOMAC），以下简称"组织"。

2. 本组织总部设在斯里兰卡科伦坡。

第三条　目标

本组织的目标是：

1. 铭记《联合国海洋法公约》所体现的海洋制度,提高对印度洋及其资源和该区域各国发展潜力的认识,促进它们之间以及它们与其他国家之间的合作。

2. 提供一个论坛,使印度洋沿海国和内陆国家以及其他有关国家能够审议、检查和评估印度洋的经济利用、资源和有关活动,包括在政府间组织框架内开展的活动,并确定它们可以从加强国际合作和协调行动中获益的领域。

3. 通过将与海洋有关的活动纳入印度洋沿岸国和内陆国家各自的发展进程,促进它们的经济和社会发展,并通过经常和持续的对话以及国际和区域合作行动特别是发展中国家间的技术合作推动海洋综合管理政策。

第四条　合作的原则和领域

1. 印度洋海洋事务合作的原则是：

(1)优化利用印度洋资源造福印度洋各国；

(2)发展国家海洋事务能力,以促进海洋管理的自主进行；

(3)加强与其他国家的合作；

(4)与积极参与海洋事务的国际组织、政府和非政府组织、机构和其他实体建立和保持有效合作；

(5)适当考虑到新海洋制度承认的内陆国和地理不利成员国的权利和需要。

2. 印度洋海洋事务合作领域为：

(1)海洋科学、海洋服务和海洋技术；

(2)生物资源；

(3)非生物资源；

(4)海洋法律、政策和管理；

(5)海上运输和通信；

(6)海洋环境；

(7)与海洋事务合作有关的其他领域。

三、体制规定

第五条　成员

印度洋的任何沿海或内陆国家都可以加入本协定,成为本组织成员。

第六条　组织机构

本组织有下列主要机构:

1. 会议;

2. 委员会;

3. 秘书处。

第七条　会议

<u>组成</u>

1. 会议应由本组织所有成员国的部长级或同等级别的代表组成。

<u>职能</u>

2. 会议应:

(1)制定指导本组织方案和活动的政策及原则;

(2)按照下文第八条第 1 款的规定选举本组织委员会成员;

(3)任命本组织秘书长;

(4)接收和审议委员会和秘书长的报告;

(5)核准本组织每个财政期间的预算和决算;

(6)核准本组织方案和活动提案;

(7)设立它认为必要的附属机构;

(8)审查在解释或适用本协议方面可能出现的争议,提出建议,并在必要时制定它认为适当的程序,以解决这些争议;

(9)除本协议另有规定外,制定议事规则;

(10)制定本组织的财务条例;

(11)制定本组织的工作人员条例,并尽可能提供与其他国际组织一致的服务条件;

(12)行使本协议允许的其他职能。

<u>会议和程序</u>

3. 会议应每两年举行一次常会。

4. 会议应在其大多数成员或委员会要求召开特别会议时召开特别会议。

5. 会议的法定人数应为本组织成员的2/3。

6. 每个成员应有一票表决权。

7. 会议应努力以协商一致方式作出决定。如果无法达成协商一致,除非本协定另有规定,会议的决定应由出席并参加表决的成员过半数作出。

8. 会议应在每届常会上从成员、主席和副主席中选出。他们的任期到下届常会选出继任人为止。

9. 非本组织成员国的政府代表、联合国和联合国有关机构及机关的代表、本会议认为适当的其他国际和国家政府或非政府组织的代表以及本会议感兴趣领域的专家可应邀以观察员身份出席会议。如果本组织1/3的成员国对会议观察员的邀请提出异议,则此后不得邀请该观察员。

10. 除非会议另有决定,会议应在本组织总部召开。

第八条 委员会

组成

1. 会议应确定委员会的规模以及从本组织成员国中选出委员会成员,并努力确保主要地理区域和与海洋有关的主要利益(即内陆、地理不利、大陆、沿海和群岛)在委员会中有代表。

职能

2. 作为本组织执行机构的委员会应:

(1)为执行本组织的合作方案和行动计划以及通过本组织框架进一步加强合作提供必要的政策指导;

(2)审议会议所作决定的执行情况;

(3)监督本组织的行政和财务;

(4)向会议提交本组织的预算和决算以及评论和建议,供其核准;

(5)向会议提交关于本组织方案和活动的建议,供其核准;

(6)授权秘书长采取委员会认为实现本组织目标所必需的任何步骤;

(7)除本协议另有规定外,制定议事规则;

(8)行使会议可能交给它的其他职能。

会议和程序

3. 委员会应每年举行一次常会。

4. 如果委员会大多数成员要求召开特别会议,委员会应召开特别会议。

5. 委员会会议法定人数为委员会成员的 2/3。

6. 委员会应选举 1 名主席和 1 名副主席。

7. 未当选为委员会成员的组织成员可参加委员会会议,但无表决权。

8. 委员会应努力以协商一致方式作出决定。如果无法达成共识,除非本协议另有规定,否则委员会的决定应以出席并参加表决的成员的过半数作出。

9. 非本组织成员国政府的代表、联合国和联合国有关机构及机关的代表、委员会认为适当的其他国际和国家政府或非政府组织的代表以及委员会感兴趣领域的专家可应邀以观察员身份出席委员会会议。如果该组织 1/3 的成员反对委员会观察员的邀请,则此后不得邀请该观察员。

第九条　秘书处

1. 秘书处由秘书长和本组织可能需要的工作人员组成,秘书长为本组织的行政首长。

2. 秘书长由会议任命,任期 4 年,由会议决定可连任。

3. 秘书长作为行政首长,应在本组织及其方案行政委员会的指导下负责。他将确保本组织成为印度洋海洋事务中有效和有力的合作渠道。

秘书长应:

(1)担任会议和委员会秘书;

(2)向会议和委员会提交关于本组织方案和活动管理的报告;

(3)向会议和委员会报告本组织可用的财政和其他资源;

(4)考虑到确保效率和公平的地域代表制的重要性,任命秘书处正常运作所需的工作人员;

(5)编制并向委员会提交本组织的预算和决算以及方案和活动建议,供委员会审议;

(6)执行会议或委员会委托给他的其他任务。

秘书长在履行职责时应对会议负责。

第十条　法律地位

该组织应具有法人资格和履行其职能所必需的能力,特别是签订合同、获取和处置动产和不动产以及提起法律诉讼的能力。

第十一条　便利、特权和豁免

1. 本组织各成员应向本组织及其代表、官员和顾问提供其向类似政府间国际组织提供的便利、特权和豁免。

2. 该组织应与斯里兰卡政府缔结总部协定。在缔结总部协定之前，斯里兰卡政府应向该组织及其代表、官员和顾问提供它给予类似性质的政府间组织的便利、特权和豁免。

第十二条　与其他组织的关系

本组织应与联合国和联合国有关机构及机关以及其他积极参与海洋事务的政府和非政府组织、机构和研究所建立有效联系并密切合作。

四、资金来源

第十三条　资金来源

1. 本组织的资金来源应包括：

（1）本组织会员国依照本条第 2 款缴纳的会费；

（2）会员国为确保本组织的方案和活动在健全的财政基础上进行而可能希望提供的额外财政捐助；

（3）秘书长在必要时与委员会协商确定的符合本组织宗旨的其他基金；

（4）其收款符合秘书长在必要时与委员会协商确定的符合本组织宗旨的非财政性质的捐款。

2. 本组织会员国的会费应由每个会员国每年以美元缴纳，具体如下：

（1）由本组织所有会员国平均分摊本组织所需和核定预算的 50% 而得出的数额。

（2）追加款项的数额将由秘书处定期确定，并由委员会核准，以支付其在所需预算和核定预算的剩余部分中所占的份额。这一数额应根据联合国适用于本组织会员国对联合国经常预算缴款的分摊比例计算。

根据上文第（1）和第（2）项，本组织任何会员国在本组织第一个财政期间的缴款总额每年不应超过 3 万美元，此后每年的固定数额由会议决定。

3. 任何会员国拖欠根据上文第 2 款在预算范围内规定的会费，其拖欠数额等于或超过上文第 2 款规定的前两个日历年所需会费之和，将不再有在会议上投票和派代表参加委员会的权利。

不过,如果会议认为拖欠会费是该会员国无法控制的情况所致,则可准许该会员国投票。

第十四条 资源管理

1. 会议和委员会应在每届会议上审查本组织的资源状况,并向本组织成员提出其认为适当的建议,以确保本组织及其方案始终能获得及时和充足的资源,并保持这些资源与本组织方案和活动之间的合理平衡。

2. 本组织的资源应在健全的经济和财政基础上进行管理。

3. 本组织财政和非财政资源的接收、保管和支出以及审计其账目的规则应由秘书长经委员会核准后制定。

五、最后条款

第十五条 签署、批准、加入

1. 印度洋的任何沿海或内陆国家均可通过以下方式加入本协定:

(1)签署本协定须经批准、接受或核准,然后交存批准、接受或核准文书;

(2)加入本协定。

2. 本协定将在坦桑尼亚联合共和国达累斯萨拉姆外交部和斯里兰卡科伦坡的印度洋海洋事务合作组织秘书处开放供签署,直至生效。

3. 批准书、接受书、核准书或加入书应交斯里兰卡政府保存。

第十六条 生效

1. 本协定将在8个国家根据第十五条成为本协定缔约国后第30天生效。

2. 对于在本协定生效后交存批准书、接受书、核准书或加入书的每一国家,本协定应在其交存批准书、接受书、核准书或加入书后第30天生效。

第十七条 修正案

1. 本协定的任何一个缔约国均可对本协定提出修正案。

2. 拟议修正案的案文应由秘书长在大会审议拟议修正案之前至少提前6个月送交本协定所有缔约国。

3. 但是,如果得到会议2/3多数的批准,拟议修正案将在本协定2/3缔约国交存接受或批准拟议修正案的文书后30天对本协定所有缔约国生效。

第十八条 退出组织

1. 本组织任何成员均可退出本协定,并在退出时向本协定保存人和秘书长发出书面退出通知。

2. 退约应自保存人收到通知之日起 6 个月后生效。

3. 退出本组织的成员应继续对其成员任期内产生的义务负责。

第十九条　组织的解散

1. 会议可以由 2/3 多数的成员国决定解散本组织。

2. 在本协定 2/3 的成员国在致会议主席的通知中批准这项决议后,会议应采取必要步骤解散本组织。这些步骤应包括会议设立一个委员会,经委员会和秘书长协商,就本组织解散前清理资产和债务的方式向会议提供咨询意见。

3. 会议应在适当阶段通过一项最后声明,声明在特定日期该组织应被视为解散。会议主席应将声明送交本组织成员国和本协定保存人。

第二十条　保存人

本协定的两份原件应交斯里兰卡政府保存,斯里兰卡政府将根据《维也纳条约法公约》作为本协定的保存人。

下列签署人经各自政府正式授权签署本协议,以昭信守。

1990 年订于坦桑尼亚联合共和国阿鲁沙,以英文写成,一式两份。

大西洋沿岸非洲国家渔业合作公约

（1991 年 7 月 5 日）

大西洋沿岸非洲国家，本公约的缔约国，

铭记1982 年12 月10 日签署的《联合国海洋法公约》，特别是其中鼓励缔结区域和分区域渔业合作协定以及其他有关国际条约的规定，

铭记1989 年3 月30 日至4 月1 日在摩洛哥王国举行的大西洋沿岸非洲国家渔业合作部长级会议结束时通过的《拉巴特宣言》，

考虑到该区域各国之间现有的区域和分区域渔业协定，

深信鉴于海洋环境的特殊性质，如果不协调这一领域的政策，特别是属于同一区域的国家之间的政策，就不可能实现种群的合理管理，从而实现渔业的可持续发展，

因此，深信有必要进行区域协商，以便在渔业资源开发、养护和加工方面实现协调一致的政策，

决心为以上目的，在旨在促进本国人民经济、社会和营养发展的渔业管理战略范围内，促进它们之间并与有关分区域、区域和国际组织合作，按照本区域各国的愿望积极开展合作，

兹协议如下：

第一条　术语的范围和使用

1. 本公约的规定适用于下列毗邻大西洋的非洲国家：

安哥拉人民共和国、贝宁共和国、喀麦隆共和国、佛得角共和国、刚果共和国、科特迪瓦共和国、加蓬共和国、冈比亚共和国、加纳共和国、几内亚共和国、几内亚比绍共和国、赤道几内亚共和国、利比里亚共和国、摩洛哥王国、毛里塔尼亚伊斯兰共和国、纳米比亚共和国、尼日利亚联邦共和国、圣多美和普林西比民主共和国、塞内加尔共和国、塞拉利昂共和国、多哥共和国、扎伊尔共和国。

2. 为本公约的目的：

（1）"区域"指包括上述国家的区域。

（2）"缔约国"指本公约的任何缔约国。

（3）"公约"指本公约。

第二条　目标

本公约的目标是：

1. 推动本区域渔业管理和发展领域积极有序的合作。

2. 通过合理利用渔业资源，在综合渔业部门所有组成部分的范围内迎接粮食自给的挑战。

3. 以渔业资源开发的直接和间接效应带动国民经济，铭记渔业在本地区人民经济、社会和营养发展进程中的重要作用。

4. 加强、协调和统一渔业资源保护、开发、升级和销售的努力和能力，特别是考虑到在一个以上缔约国的主权或管辖水域内的鱼类种群。

5. 加强与非洲内陆国家和本区域地理不利国家的团结。

第三条　渔业资源的养护和管理

1. 各缔约国应共同努力，确保养护和合理管理其渔业资源，并采取一致行动评估在多个缔约国主权或管辖水域内出现的鱼类种群。

2. 缔约国应建立和保持本区域人力和物质资源的最新清单，并应利用渔业资源评估领域的互补优势作出安排。

3. 缔约国应交流有关渔业资源的科学信息、有关渔获量和捕捞努力量的统计数据以及其他有关养护和管理鱼类种群的数据，以实现最佳利用。

4. 缔约国应努力通过有关养护、管理和开发渔业资源的统一政策，特别是在确定渔获量配额方面，并酌情联合管理捕鱼季节。

第四条　高度洄游物种的评估与养护

缔约国承诺就其评估和养护高度洄游物种的活动交流信息，并在主管国际组织内协调这方面的行动。

第五条　渔船的监测、监视和控制

缔约国应采用其掌握的或共同获得的一切手段合作，以确保对在该区域作业的渔船进行监测、监视和控制，包括技术控制。

第六条　渔业生产和生产资料的发展

1. 缔约国应特别注意发展和提高各种形式的渔业生产，从而使渔业活动的有益效果有助于本国社会和经济发展。

2. 为发展本地区渔业生产，缔约国应在以下优先领域促进合作和鼓励联合行动：

（1）加强该区域在冷冻厂和鱼类加工设施方面的能力；

（2）生产手段的现代化，特别是个体捕鱼的现代化；

（3）推广被低估或开发不足的物种；

（4）发展水产养殖业，并利用这一领域取得的技术进步使其适应本区域的具体情况。

第七条　渔业产品销售

1. 缔约国应鼓励在渔业产品销售方面建立双边和多边合作，以促进非洲内部的渔业贸易，提高缔约国在世界市场上的出口能力。为此，它们承诺：

（1）了解它们对渔业产品的需求和存量。

（2）促进和协调有关渔业产品贸易的法律法规。

（3）确定渔业产品国际贸易的共同立场。

（4）促进缔结特别有利于贸易优惠和支付便利的双边或多边协议。

（5）确定和执行能够提高本区域渔业产品质量形象的措施。

2. 缔约国应鼓励渔业部门管理者举行会议，以鼓励交流有关渔业和水产养殖技术进步的信息，并推广各自的渔业产品。

第八条　渔业规划和筹资

为在宏观经济层面促进渔业部门及其相关产业发展，缔约国应努力：

1. 加强专门机构和能力，特别是与经济和社会分析有关的机构和能力，以确定合理管理和规划本区域渔业发展所需的政策和战略。

2. 以海事信贷制度或其他适当制度的形式，促进符合本区域渔业部门需要的具体筹资机制。

第九条　渔民的社会状况

考虑到该区域渔民在发展手工渔业和工业渔业方面的重要作用，各方同意促进改善他们的福利，特别是在专业地位和工作条件方面。

第十条　加强职业技术培训

为了更有效地满足渔业部门对海上和岸上适格人员的具体需求，缔约国应：

1. 促进在海洋培训领域建立区域合作，包括渔业部门的技术、科学、经济和法律方面。这种培训将考虑到相关的国际标准和法规以及海洋技术的发展。

2. 鼓励优化利用本地区培训机构，促进培训人员和学生交流，共同制定培训方案。

3. 合作建立和更新本区域培训机构名录,其中特别说明这些机构的录取要求。

4. 推动一项涵盖渔业部门所有级别和活动的共同区域海洋培训政策,并特别考虑到对女性的培训。

第十一条　海洋科学研究的发展

1. 缔约国应鼓励交流海洋科学研究领域的经验,以促进旨在更好地改善海洋环境及其资源的联合活动,并在适当时候制订渔业管理计划,改进适合本区域具体需要的捕捞技术或渔具。

2. 缔约国应鼓励该区域各机构进行对接,以便科学家进行交流和制定研究方案以及交流利用船只的最佳方式和其他研究手段。

第十二条　保护和维护海洋环境

缔约国应直接或者在主管区域或国际组织的协助下,在国家、区域和国际各级加紧努力,确保本区域海洋环境的保护和维护以及沿海地区的管理。

为此,它们将促进加强保护和维护海洋环境和沿海地区的双边、分区域和国际合作机制,并加强其活动,同时考虑到有关这一问题的国际标准和条例。

第十三条　政策协调

缔约国应努力协调渔业政策。为此目的:

1. 通过国家级法律和条例,以确保适当执行本公约及其议定书的规定。

2. 鼓励交流渔业法律法规及其执行方法的信息。

3. 同意在渔业问题国际会议上相互协商,以协调立场。

第十四条　渔业合作协定

缔约国应鼓励双方在优惠的基础上缔结渔业协定。此外,双方还应交流与第三方谈判和缔结渔业合作协定方面的经验。

第十五条　海事数据和信息库

为促进传播有关本区域渔业的科学、经济、技术和法律数据及信息,缔约国应与有关分区域、区域和国际组织合作建立和运作数据库及信息库。

第十六条　声援非洲内陆国和本区域地理不利国

缔约国申明声援非洲内陆国和本区域地理不利国,并将与它们建立积极的合作关系。

第十七条 组织机构

1. 为执行本公约及其议定书,缔约国应建立一个由部长会议、主席团和秘书处组成的组织机构。

(1)部长会议是有关各方渔业合作的管理和决策机构,确定根据本公约开展的方案和活动的目标和原则,应每两年举行一次常会,并应大多数缔约国的要求举行一次特别会议。

(2)主席团是部长会议的协调机构。

(2)秘书处是行政机关。

2. 部长会议应确定上述机构的地位。

3. 可邀请第三国以及主管政府和非政府国际组织作为观察员出席上述机构的常会和会议。

第十八条 预算

应设立区域渔业发展基金。基金由秘书处管理,其设立和运作方式应由部长会议决定。基金将用于:

1. 支付秘书处的业务费用;

2. 资助根据本公约开展的项目和方案活动。

第十九条 议定书

缔约国应拟订和通过附加议定书,确立措施、程序和标准,以澄清和改进执行本公约各项规定的方法。

第二十条 与其他组织的合作

为实现本公约的目标,缔约国应通过一切适当手段与有关分区域、区域和国际组织以及任何其他有关机构合作。

第二十一条 争端的解决

各方应根据《联合国宪章》以和平方式解决彼此之间关于本公约的解释或适用的任何争端。

第二十二条 签署

本公约在 1992 年 12 月 31 日之前,将继续开放供本区域各国与塞内加尔政府和保存人签署。

第二十三条 批准、接受、核准和加入

本公约须经签署国批准、接受或核准,并按照各自程序开放供本区域其他国家加入。

第二十四条　生效

本公约应在第七份批准书、核准书或加入书交联合国粮食及农业组织总干事保存的 30 天后生效。

对于在第七份批准书或加入书交存后批准或加入公约的每一个国家,公约应在该国交存批准书或加入书 30 天后生效。

第二十五条　修正案

任何缔约国均可对本公约及其议定书提出修正案。修正案应在审议前 6 个月分发给所有缔约国。

修正案应由缔约方 2/3 多数通过,并在通过后 90 天生效。

第二十六条　退出公约

在公约生效 5 年后,任何缔约方均可退出公约,但必须将其退出意向通知保存人。

退约应在收到退出通知后 1 年生效。

第二十七条　保存人

1. 本公约应交由联合国粮食及农业组织总干事保存,他应将本公约经核证无误的副本送交签署国政府。

2. 保存人应通知:

(1)公约的每一个新签署国,以及批准书、接受书、核准书或加入书的保存;

(2)公约生效的日期;

(3)本公约对根据第二十五条提出的修正案的生效日期和通过的修正案的生效日期;

(4)根据第二十六条退出本公约的意图以及退出生效的日期。

第二十八条　语言

本公约以英文和法文写成,各文本具有同等效力。

本公约经核证无误的副本应按照《联合国宪章》第一百零二条送交联合国秘书长登记。

下列签署人经各自政府为此目的正式授权,在本公约上签字,以昭信守。

1991 年 7 月 5 日订于达喀尔

（三）双边条约

大不列颠及北爱尔兰联合王国政府与
爱尔兰共和国政府关于两国间大陆架划界的协定*
（1988 年 11 月 7 日）

大不列颠及北爱尔兰联合王国政府与爱尔兰共和国政府，

希望通过确立双方各自的大陆架边界来促进各自的近海石油开发，发展相关工业，

达成协议如下：

第一条　爱尔兰海和西南区域

1. 53°39′N 以南区域分属联合王国和爱尔兰共和国的大陆架部分的分界线应是由纬度线和经度线的交点组成的一条线，本协议的方案 A 给出了组成该线的序列点。

2. 该线称为"A 线"，见本协议附图 A。

第二条　西北区域

1. 6°45′W 以西区域分属联合王国和爱尔兰共和国的大陆架部分的分界线应是由纬度线和经度线的交点组成的一条线，本协议的方案 B 给出了组成该线的序列点。

2. 该线称为"B 线"，见本协议附图 B。

第三条　跨边界区域

如果任何油气田或凝析气田跨越 A 线或 B 线，并且位于分界线一侧的该油气田整体或部分可以从分界线另一侧被开发，则两国政府应努力作出决定，

＊1990 年 1 月 11 日生效。

达成该油气田开发协议。

第四条　大陆边缘

本协议的任何规定不影响双方政府关于各自大陆外边缘的立场。

第五条　生效

本协议应自双方政府接受本协议的通知交换之日起生效。

由双方政府正式授权代表签署本协议，以昭信守。

本协议于 1988 年 11 月 7 日在都柏林签署，一式两份。

方案 A

点号	纬度	经度
1	53°39′.00 N	5°17′.00 W
2	53°32′.00 N	5°17′.00 W
3	53°32′.00 N	5°19′.00 W
4	53°26′.00 N	5°19′.00 W
5	53°26′.00 N	5°20′.00 W
6	53°09′.00 N	5°20′.00 W
7	53°09′.00 N	5°19′.00 W
8	52°59′.00 N	5°19′.00 W
9	52°59′.00 N	5°22′.50 W
10	52°52′.00 N	5°22′.50 W
11	52°52′.00 N	5°24′.50 W
12	52°44′.00 N	5°24′.50 W
13	52°44′.00 N	5°28′.00 W
14	52°32′.00 N	5°28′.00 W
15	52°32′.00 N	5°22′.80 W
16	52°24′.00 N	5°22′.80 W
17	52°24′.00 N	5°35′.00 W
18	52°16′.00 N	5°35′.00 W
19	52°16′.00 N	5°39′.00 W

续表

点号	纬度	经度
20	52°12′.00 N	5°39′.00 W
21	52°12′.00 N	5°42′.00 W
22	52°08′.00 N	5°42′.00 W
23	52°08′.00 N	5°46′.00 W
24	52°04′.00 N	5°46′.00 W
25	52°04′.00 N	5°50′.00 W
26	52°00′.00 N	5°50′.00 W
27	52°00′.00 N	5°54′.00 W
28	51°58′.00 N	5°54′.00 W
29	51°58′.00 N	5°57′.00 W
30	51°54′.00 N	5°57′.00 W
31	51°54′.00 N	6°00′.00 W
32	51°50′.00 N	6°00′.00 W
33	51°50′.00 N	6°06′.00 W
34	51°40′.00 N	6°06′.00 W
35	51°40′.00 N	6°18′.00 W
36	51°30′.00 N	6°18′.00 W
37	51°30′.00 N	6°33′.00 W
38	51°20′.00 N	6°33′.00 W
39	51°20′.00 N	6°42′.00 W
40	51°10′.00 N	6°42′.00 W
41	51°10′.00 N	6°48′.00 W
42	51°00′.00 N	6°48′.00 W
43	51°00′.00 N	7°03′.00 W
44	50°50′.00 N	7°03′.00 W
45	50°50′.00 N	7°12′.00 W
46	50°40′.00 N	7°12′.00 W
47	50°40′.00 N	7°36′.00 W
48	50°30′.00 N	7°36′.00 W
49	50°30′.00 N	8°00′.00 W

续表

点号	纬度	经度
50	50°20′.00 N	8°00′.00 W
51	50°20′.00 N	8°12′.00 W
52	50°10′.00 N	8°12′.00 W
53	50°10′.00 N	8°24′.00 W
54	50°00′.00 N	8°24′.00 W
55	50°00′.00 N	8°36′.00 W
56	49°50′.00 N	8°36′.00 W
57	49°50′.00 N	8°45′.00 W
58	49°40′.00 N	8°45′.00 W
59	49°40′.00 N	8°54′.00 W
60	49°30′.00 N	8°54′.00 W
61	49°30′.00 N	9°03′.00 W
62	49°20′.00 N	9°03′.00 W
63	49°20′.00 N	9°12′.00 W
64	49°10′.00 N	9°12′.00 W
65	49°10′.00 N	9°17′.00 W
66	49°00′.00 N	9°17′.00 W
67	49°00′.00 N	9°24′.00 W
68	48°50′.00 N	9°24′.00 W
69	48°50′.00 N	9°36′.00 W
70	48°30′.00 N	9°36′.00 W
71	48°30′.00 N	9°48′.00 W
72	48°20′.00 N	9°48′.00 W
73	48°20′.00 N	10°00′.00 W
74	48°10′.00 N	10°00′.00 W
75	48°10′.00 N	10°24′.00 W
76	48°00′.00 N	10°24′.00 W
77	48°00′.00 N	10°38′.00 W
78	47°50′.00 N	10°38′.00 W

续表

点号	纬度	经度
79	47°50′.00 N	10°46′.00 W
80	47°40′.00 N	10°46′.00 W
81	47°40′.00 N	10°59′.00 W
82	47°30′.00 N	10°59′.00 W
83	47°30′.00 N	11°12′.00 W
84	47°20′.00 N	11°12′.00 W
85	47°20′.00 N	11°25′.00 W
86	47°10′.00 N	11°25′.00 W
87	47°10′.00 N	11°38′.00 W
88	47°00′.00 N	11°38′.00 W
89	47°00′.00 N	11°51′.00 W
90	46°50′.00 N	11°51′.00 W
91	46°50′.00 N	12°04′.00 W
92	46°40′.00 N	12°04′.00 W
93	46°40′.00 N	12°12′.00 W
94	46°34′.00 N	12°12′.00 W

点1至点94的位置由世界大地测量系统1984基准（WGS 84）的经纬度坐标系确定。

方案 B

点号	纬度	经度
95	55°28′.00 N	6°45′.00 W
96	55°28′.00 N	6°48′.00 W
97	55°30′.00 N	6°48′.00 W
98	55°30′.00 N	6°51′.00 W
99	55°35′.00 N	6°51′.00 W
100	55°35′.00 N	6°57′.00 W
101	55°40′.00 N	6°57′.00 W
102	55°40′.00 N	7°02′.00 W
103	55°45′.00 N	7°02′.00 W

续表

点号	纬度	经度
104	55°45′.00 N	7°08′.00 W
105	55°50′.00 N	7°08′.00 W
106	55°50′.00 N	7°15′.00 W
107	55°55′.00 N	7°15′.00 W
108	55°55′.00 N	7°23′.00 W
109	56°00′.00 N	7°23′.00 W
110	56°00′.00 N	8°13′.00 W
111	56°05′.00 N	8°13′.00 W
112	56°05′.00 N	8°39′.00 W
113	56°10′.00 N	8°39′.00 W
114	56°10′.00 N	9°07′.00 W
115	56°21′.50 N	9°07′.00 W
116	56°21′.50 N	10°30′.00 W
117	56°32′.50 N	10°30′.00 W
118	56°32′.50 N	12°12′.00 W
119	56°42′.00 N	12°12′.00 W
120	56°42′.00 N	14°00′.00 W
121	56°49′.00 N	14°00′.00 W
122	56°49′.00 N	15°36′.00 W
123	56°56′.00 N	15°36′.00 W
124	56°56′.00 N	17°24′.00 W
125	57°05′.50 N	17°24′.00 W
126	57°05′.50 N	19°30′.00 W
127	57°14′.00 N	19°30′.00 W
128	57°14′.00 N	21°32′.00 W
129	57°22′.00 N	21°32′.00 W
130	57°22′.00 N	23°57′.40 W
131	57°28′.00 N	23°57′.40 W
132	23°28′.40 W	25°31′.50 W

点95至点132的位置由世界大地测量系统1984基准(WGS 84)的经纬度坐标系确定。

美利坚合众国和苏维埃社会主义共和国联盟联合声明

（1989 年 9 月 23 日）

自 1986 年以来，美利坚合众国和苏维埃社会主义共和国联盟的代表就传统海洋利用的相关国际法问题，特别是航海问题进行了友好和建设性的讨论。

两国政府遵循 1982 年《联合国海洋法公约》的规定，该规定在海洋的传统利用方面通常构成国际法和惯例，并公平地平衡所有国家的利益。它们认识到有必要鼓励所有国家将其国内法律、法规和做法与这些规定协调一致。

两国政府认为，对所附关于无害通过的国际法规则作出统一解释是有益的。两国政府同意采取必要措施，使其国内法律、法规和惯例符合对规则的理解。

1989 年 9 月 23 日签署于怀俄明州杰克逊霍尔

关于无害通过的国际法规则的统一解释

1. 1982 年《联合国海洋法公约》（简称《1982 年公约》）特别是第二部分第三节阐述了管辖船舶在领海无害通过的有关国际法规则。

2. 所有船舶，包括军舰，不论其运载的货物、武器装备或行驶手段如何，都享有国际法规定的无害通过领海的权利，对此既毋需事先通知，亦毋需事先批准。

3. 1982 年《公约》第十九条第 2 款规定了不属于无害通过活动的详细清单。船舶仅通过领海但不从事任何此类活动即属于无害通过。

4. 沿海国对船舶通过领海的特定航道是否无害提出质疑的，应当告知船舶质疑该通过是否无害的理由，并为船舶提供在合理短时间内澄清意图或者纠正行为的机会。

5. 行使无害通过权的船舶应遵守沿海国依照 1982 年《公约》第二十一条、第二十二条、第二十三条和第二十五条规定的国际法规则制定的所有法律法规。这些法律法规包括要求行使无害通过领海权利的船舶在需要保护航行安全的地方使用规定的航道和分道通航制。在未规定海上航道和分道通航制的地区,船舶仍然享有无害通过权。

6. 沿海国的法律法规不得剥夺或损害 1982 年《公约》第二十四条规定的无害通过权利的行使。

7. 如果军舰的行为违反上述法律规定,或者其通过不属于无害通过,并且没有根据请求采取纠正行动,沿海国可以按照《1982 年公约》第三十条的规定要求其离开领海。在该情况下,军舰应立即离开其领海。

8. 在不妨碍沿海国和船旗国行使权利的情况下,对船舶通过领海可能产生的所有争议均应通过外交渠道或其他商定的手段加以解决。

大不列颠及北爱尔兰联合王国政府和
法兰西共和国政府联合声明*
（1988 年 11 月 2 日）

两国政府在签署《关于多佛海峡领海划界协议》**之际，就下列声明达成协议：

目前的国际法普遍接受在海峡存在特定的航行制度。在用于国际航行和连接公海或经济区两部分的海峡，如多佛海峡，在没有任何其他类似航行便利路线的情况下，建立这种制度的必要性尤其明显。

因此，两国政府承认商船、国有船舶，特别是军舰在多佛海峡按照正常航行方式通行无阻的权利，以及飞机飞越多佛海峡的权利。据了解，根据国际法规则中关于这一制度的原则，这种通过将以持续而迅速的方式进行。

两国政府将继续通过双边和国际海事组织密切合作，以确保多佛海峡以及北海南部和海峡的航行安全，特别是多佛海峡的分道通航制不会受到协议生效的影响。

在充分考虑沿海国利益的基础上，两国政府还将根据现行国际协定和公认的规章制度采取必要措施，防止、减少和控制船舶对海洋环境的污染。

＊联合王国外交和联邦事务部 1988 年 11 月 2 日第 100 号新闻稿。
＊＊协议案文见 1989 年 5 月第 13 号公报，第 45 页。

德意志联邦共和国政府和苏维埃社会主义共和国联盟政府关于防止领水以外海上事件的协定

（1988 年 10 月 25 日）

德意志联邦共和国政府和苏维埃社会主义共和国联盟政府，

希望确保各自武装部队船舶的航行安全和军用飞机在领水外的飞行安全，

希望按照德意志联邦共和国和苏维埃社会主义共和国联盟 1970 年 8 月 12 日条约所表达的愿望，为加强欧洲和全世界的和平与安全作出贡献，

确认本协定禁止的危险行动也不应对双方的非军事船只采取，

在国际法原则和规则的指导下，

兹协议如下：

第一条

为本协定的目的，应适用以下定义：

1. "船舶"是指：

（1）属于缔约一国的武装部队并带有标明其国籍的外部标记的军舰，由该缔约国政府正式委任的军官指挥（其名字出现在适当的服役名单或同等文件中），由正规军事纪律的船员驾驶；

（2）属于缔约一国的武装部队并经有关当事方授权悬挂辅助船旗的辅助船。

2. "飞机"是指除航天器以外的任何军用载人飞机。

3. "编队"是指两艘或多艘船舶协同作业的有序排列。

第二条

双方应采取措施，责成船舶指挥人员遵守 1972 年《国际海上避碰规则》（以下简称《1972 年碰撞规则》）的规定和精神。双方承认，在领海以外进行行动的自由是基于国际法承认的原则，特别是 1958 年《日内瓦公海公约》规定的原则。

第三条

1. 除根据《1972 年碰撞规则》要求保持航向和速度外，在任何情况下，相

互靠近作业的缔约国船只都应给对方让路,以避免发生碰撞危险。

2. 在对方编队附近相遇或作业的船舶应(依照《1972 年碰撞规则》)避免以阻碍编队演进的方式进行操作。

3. 在适当考虑其他海上交通的情况下,双方编队不得在实行国际公认的分道通航制的地区进行演习。

4. 船舶监视对方船舶应当保持一定的距离,避免碰撞危险,并避免进行可能使对方船舶陷入困境或者危及对方船舶的操纵。除根据《1972 年碰撞规则》的要求保持航向和航速外,从事监视的船舶应运用良好的航海技术及早采取积极行动,以免使被监视船舶陷入困境或受到危害。

5. 在彼此视线范围内作业的双方船舶,为表明其行动和意图,应使用《1972 年碰撞规则》《国际信号规则》和本协定附件所载《特殊信号表》中规定的信号(旗帜、声音和灯光)。在夜间或能见度降低的情况下,或者在照明条件和距离不可辨识信号旗帜的情况下,应使用闪光灯或甚高频无线电信道 16(156.8 兆赫)。

6. 双方船舶不得以瞄准枪、导弹发射器或鱼雷发射管或其他武器模拟攻击对方船舶或飞机;不得以对另一方船只或飞机构成危险或对航行或飞行中的飞机构成危险的方式向另一方船只或飞机方向发射任何物体;不得使用探照灯或其他强力照明设备照亮对方船舶的舰桥。

缔约双方的船舶也不得对另一方非军用船舶采取此类行动。

7. 在水下潜艇上进行演习时,辅助舰艇应出示《国际信号规则》或本协定附件所载《特殊信号表》中规定的适当信号,以警告其他舰艇在该地区存在潜艇。

8. 一方船舶在接近另一方船舶时,根据《1972 年碰撞规则》第三条第 7 款,该另一方船舶操作能力受到限制,特别是从事发射或降落飞机的船舶以及正在进行补给的船舶,应采取适当措施,不妨碍此类船舶的操作,并应给对方让路。

第四条

1. 缔约双方的飞机驾驶员在接近对方的飞机和船舶,特别是从事发射或降落飞机的船舶时,应当十分小心谨慎,并且为相互安全着想,不得允许模拟使用武器攻击对方的飞机和船舶,或在对方的船舶上方进行特技飞行,或在其附近投掷对船舶有害或妨碍航行的物体。

双方的飞机也不得对另一方的非军事船舶采取此类行动。

2. 在黑暗中或在仪器条件下飞行的缔约国飞机,只要可行,应打开导航灯。

第五条

双方应采取措施,将本协议旨在确保双方安全的条款通知双方的非军用船舶。

第六条

双方应通过既定的国际无线电广播系统向航海者通报对航行或飞行中的飞机构成威胁的领水以外的行动,通常至少提前 5 天。

第七条

双方应立即就双方船舶和飞机之间的碰撞事件、造成损害的事件和其他海上事件交换适当的信息。德意志联邦共和国海军应通过驻波恩的苏维埃社会主义共和国联盟海军武官和其他武官提供此类信息,苏维埃社会主义共和国联盟海军应通过驻莫斯科的德意志联邦共和国海军武官或其他武官提供此类信息。

第八条

本协定及其附件自签署之日起 1 个月内生效。可由任何一方提前 6 个月书面通知另一方终止协定。

第九条

双方代表应在本协定签署之日起 1 年内举行会议,审查本协定条款的执行情况以及进一步改善船舶航行和飞机飞行安全的可能途径,此后应每年举行类似磋商,如果一方认为有必要,则应更频繁地进行磋商。

1988 年 10 月 25 日订于莫斯科,一式两份,每份都用德文和俄文写成,两种文本具有同等效力。

附件　特殊信号表[*]

以下信号前面是代码组 YVI

信　号		信号的含义
IR1		我正在从事海洋学工作。
IR2(...)		我正在流动/拖曳水文测量设备……后退几米。
IR3		我正在回收水文测量设备。
IR4		我正在进行打捞作业。
JH1		我正试图收回一艘搁浅的船只。

＊双方应就本表信号的使用发出双方同意的指示。双方代表可通过协商在本表中加入必要的变更和补充。

续表

信　号		信号的含义
MH1		请你不要在我前面越过我的航线。
NB1(…)		我有独立的水文测量设备,其方位与我所指出的方向一致……(ICS* 表 3)。
PJ1		我无法向右舷改变航向。
PJ2		我无法改变航向到我的港口。
PJ3		警告。我有一个驾驶伤员。
PP8(…)		危险的行动正在进行中。请你不要靠近我指示的方向……(ICS 表 3)
QF1		警告。我已经停止了引擎。

＊ICS ：International Code of Signals(国际信号规则)。

续表

信　号		信号的含义
QS6(...)		我正沿航线向锚泊地航行。
QV2		我在前后使用两个或更多的锚或浮标来固定多腿系泊。请你避让。
QV3		我锚定在深水里,有水文测量设备。
RT2		我打算从你的左舷通过。
RT3		我打算从你的右舷通过。
RT4		我将在你的左舷追上你。
RT5		我将在你的右舷追上你。
RT6(...)		我在演习(或者编队在演习)。请你不要靠近我指示的方向……(ICS 表3)

续表

信　号		信号的含义
RT7(…)		我在距离……100 米(码)的地方,将在右舷接近你们的船。
RT8(…)		我在距离……100 米(码)的地方,将在左舷接近你们的船。
RT9(…)		我将在……100 米(码)的距离内向后穿过。
RU2(…)		我将在……分钟后开始在港口转弯。
RU3(…)		我将在……分钟后开始右舷转弯。
RU4		该编队正准备改变航向进港。
RU5		编队正准备改变航向到右舷。
RU6		我正在进行演习。进入编队危险。

续表

信　号		信号的含义
RU7		我正准备潜入水中。
RU8		一艘潜艇将于 30 分钟内在离我不到 2 英里的地方浮出水面。请你避让。
SL2		要求表明你的航向、速度和通过意图。
TX1		我正在进行渔业巡逻。
UY1(…)		我正准备按航向发射/回收飞机……
UY2(…)		我正准备进行导弹演习。请你不要靠近我指示的方向……(ICS 表 3)
UY3(…)		我正准备进行射击练习。请你不要靠近我指示的方向……(ICS 表 3)
UY4		我正准备使用/正在使用炸药。

续表

信　号	信号的含义
UY5(…)	我正在如我所示的……方向准备鱼雷发射演习。（ICS 表 3）
UY6(…)	我正准备按航线进行/正在进行途中补给。……请你避让。
UY7	我正在准备进行大型的小艇和舰对岸两栖训练作战。
UY8	我正在进行发射/回收登陆艇的演习。
UY9	我正准备/正在船尾进行直升机操作。
UY10	我正在检查射击系统。＊
UY11	我正在检查火箭系统。＊＊

＊当船舶例行或出于其他技术原因测试其射击和火箭旋转机械时,这些信号应当由船舶传输。
＊＊当船舶例行或出于其他技术原因测试其射击和火箭旋转机械时,这些信号应当由船舶传输。

续表

信　号		信号的含义
UY12(…)		我正准备/正在用拖曳目标的飞机进行/射击练习/轰炸。请不要靠近我指示的方向……(ICS 表 3)
ZL1		我已经收到并理解了你的信号。
ZL2		你理解了吗？请求确认。

苏维埃社会主义共和国联盟政府和法兰西共和国政府关于防止领水以外海上事件的协定

（1989 年 7 月 4 日）

苏维埃社会主义共和国联盟政府和法兰西共和国政府（以下简称"双方"）希望确保各自武装部队船舶航行和军用飞机在领水外飞行的安全，

遵循国际法原则和规则，

兹协议如下：

第一条

1. "船舶"是指：

（1）属于缔约一国的武装部队并带有标明其国籍的外部标记的军舰，由该缔约国政府正式委任的军官指挥（其名字出现在适当的服役名单或同等文件中），由正规军事纪律的船员驾驶；

（2）属于缔约一国的武装部队并经有关当事方授权悬挂辅助船旗的辅助船。

2. "飞机"是指任何军用载人飞机。

3. "编队"是指两艘或多艘船舶协同作业的有序排列。

4. 《碰撞规则》一语是指 1972 年 10 月 20 日在伦敦签署的《国际海上避碰规则公约》所附的国际海上避碰规则。

第二条

双方应采取措施，指示船舶指挥人员遵守《碰撞规则》的精神和规定。

双方承认，在领海以外开展行动的自由是基于公认的国际法原则和规则。

第三条

1. 除根据《碰撞规则》的要求保持航向和速度外，在任何情况下，相互靠近作业的双方船只都应给对方让路，以避免发生碰撞危险。

2. 在对方编队附近相遇或作业的船舶，应依照《碰撞规则》避免以阻碍编队演进的方式进行操作。

3. 编队不得在实施国际公认的分道通航制的交通繁忙地区进行演习。

4. 船舶监视对方船舶应当保持一定的距离，避免碰撞危险，并避免进行可能使对方船舶陷入困境或者危及对方船舶的操作。除根据《碰撞规则》的要求保持航向和航速外,从事监视的船舶应尽早采取积极行动,以免使被监视船舶陷入困境或受到危害。

5. 在彼此视线范围内作业的双方船舶,为表明其行动和意图,应使用《碰撞规则》《国际信号规则》和本协定附件所载《特殊信号表》中规定的信号(旗帜、声音和灯光)。在夜间或白天能见度降低的情况下,或在照明条件和距离无法辨识信号旗帜的情况下,应使用闪光灯或甚高频无线电信道16(156.8兆赫)。

6. 双方船舶:

(1)不得用瞄准枪、导弹发射器或鱼雷发射管或其他武器模拟攻击对方船只或飞机。

(2)不得以对对方船舶构成危险或对航行构成危险的方式向对方船舶发射任何物体。

(3)不得使用探照灯或其他照明装置照亮对方船舶的舰桥或机载飞机的驾驶舱。

(4)不得以危害船员健康或损坏对方船舶或飞机上的设备的方式使用激光。

(5)不得向对方船舶或飞机方向发射信号火箭。

7. 在潜艇上进行演习时,一方的辅助船舶应出示《国际信号规则》或本协定附件所载的《特殊信号表》中规定的适当信号,以警告其他船舶该地区存在潜艇。

8. 一方船舶在接近另一方船舶时,如根据《碰撞规则》第三条第7款,该另一方船舶操纵能力受到限制,特别是从事发射或降落飞机的船舶以及正在进行补给的船舶,应采取适当措施,不妨碍此类船舶的操纵,并应给对方让路。

第四条

1. 双方的飞机指挥官在接近对方的飞机和船只,特别是从事发射或降落飞机的船只时,应格外谨慎,为共同安全起见,不得准许:

(1)对对方船只和飞机进行模拟攻击或模拟使用武器。

(2)在对方船舶上方进行特技飞行。

(3)在对方船舶附近以对其有害或妨碍航行的方式投掷任何物体。

2. 在黑暗中或仪器条件下飞行的双方飞机应尽可能打开导航灯。

第五条

本协定禁止船舶和飞机采取的行动不得对双方的非军事船舶采取。

第六条

双方应向航海者发出警告,通常提前 3 至 5 天通知他们的船只或飞机在领水以外可能对航行或飞行中的飞机构成危险的行动。

第七条

双方应及时交换有关双方船舶和飞机发生碰撞、造成损害的事件和其他海上事件的适当信息。苏维埃社会主义共和国联盟海军应通过驻莫斯科的法国海军武官或其他武官提供此类信息,法国海军应通过驻巴黎的苏维埃社会主义共和国联盟海军武官或其他武官提供此类信息。

第八条

本协定自签署之日起生效。可由任何一方提前 6 个月书面通知另一方终止协定。

第九条

双方代表应在本协定签署之日起 1 年内举行会议,审查本协定条款的执行情况以及进一步改善其船只航行和飞机在领水外飞行安全的可能途径。此后应视需要至少每两年进行一次类似磋商。

下列签署人经各自政府为此目的正式授权,在本协议上签字,以昭信守。

1989 年 7 月 4 日订于巴黎,一式两份,用俄文和法文写成,两种文本具有同等效力。

附件　特殊信号表*

以下信号前面是代码组 YVI:

信　　号	信号的含义
IR1	我正在从事海洋学工作。
IR2(...)	我正在流动/拖曳水文测量设备……后退几米。

　＊双方应就本表信号的使用发出双方同意的指示。双方代表可通过协商在本表中加入必要的变更和补充。

续表

信　号	信号的含义
IR3	我正在回收水文测量设备。
IR4	我正在进行打捞作业。
JH1	我正试图收回一艘搁浅的船只。
MH1	请你不要在我前面越过我的航线。
NB1(…)	我有独立的水文测量设备,其方位与我所指出的方向一致……(ICS 表3)。
PJ1	我无法向右舷改变航向。
PJ2	我无法改变航向到我的港口。
PJ3	警告。我有一个驾驶伤员。
PP8(…)	危险的行动正在进行中。请你不要靠近我指示的方向……(ICS 表3)
QF1	警告。我已经停止了引擎。
QS6(…)	我正沿航线向锚泊地航行。
QV2	我在前后使用两个或更多的锚或浮标来固定多腿系泊。请你避让。
QV3	我锚定在深水里,有水文测量设备。
RT2	我打算从你的左舷通过。
RT3	我打算从你的右舷通过。
RT4	我将在你的左舷追上你。
RT5	我将在你的右舷追上你。
RT6(…)	我在演习(或者编队在演习)。请你不要靠近我指示的方向……(ICS 表3)
RT7(…)	我在距离……100 米(码)的地方,将在右舷接近你们的船。
RT8(…)	我在距离……100 米(码)的地方,将在左舷接近你们的船。
RT9(…)	我将在……100 米(码)的距离内向后穿过。
RU2(…)	我将在……分钟后开始在港口转弯。
RU3(…)	我将在……分钟后开始右舷转弯。
RU4	该编队正准备改变航向进港。
RU5	编队正准备改变航向到右舷。
RU6	我正在进行演习。进入编队危险。
RU7	我正准备潜入水中。

续表

信　号	信号的含义
RU8	一艘潜艇将于30分钟内在离我不到2英里的地方浮出水面。请你避让。
SL2	要求表明你的航向、速度和通过意图。
TX1	我正在进行渔业巡逻。
UY1(…)	我正准备按航向发射/回收飞机……
UY2(…)	我正准备进行导弹演习。请你不要靠近我指示的方向……(ICS表3)
UY3(…)	我正准备进行射击练习。请你不要靠近我指示的方向……(ICS表3)
UY4	我正准备使用/正在使用炸药。
UY5(…)	我正在如我所示的……方向准备鱼雷发射演习。(ICS表3)
UY6(…)	我正准备按航线进行/正在进行途中补给。……请你避让。
UY7	我正在准备进行大型的小艇和舰对岸两栖训练作战。
UY8	我正在进行发射/回收登陆艇的演习。
UY9	我正准备/正在船尾进行直升机操作。
UY10	我正在检查射击系统。＊
UY11	我正在检查火箭系统。＊＊
UY12(…)	我正准备/正在用拖曳目标的飞机进行/射击练习/轰炸。请不要靠近我指示的方向……(ICS表3)
ZL1	我已经收到并理解了你的信号。
ZL2	你理解了吗？请求确认。

＊ 当船舶例行或出于其他技术原因测试其射击和火箭旋转机械时，这些信号应当由船舶传输。

＊＊ 当船舶例行或出于其他技术原因测试其射击和火箭旋转机械时，这些信号应当由船舶传输。

意大利共和国政府和苏维埃社会主义共和国联盟政府关于防止领水外海上事件的协定*

（1989 年 11 月 30 日）

意大利共和国政府和苏维埃社会主义共和国联盟政府（以下简称"双方"），

希望确保各自武装部队船舶的航行安全和军用飞机在领水外的飞行安全，

确认本协定禁止的行动也不应对双方的非军事船只采取，

在国际法原则和规则的指导下，

兹协议如下：

第一条

1. 为本协定的目的，

（1）"船舶"是指：

（a）属于缔约一国的武装部队并带有标明其国籍的外部标记的一艘军舰，由该缔约国政府正式委任的军官指挥（其名字出现在适当的服役名单或同等文件中），由正规军事纪律的船员驾驶。

（b）属于缔约一国的武装部队并经有关当事方授权悬挂辅助船旗的辅助船。

（2）"飞机"是指除航天器以外的任何军用载人重空、轻空飞机。

（3）"编队"是指两艘或多艘船舶协同作业的有序排列。

2. 本协定适用于在领水以外作业的船舶和飞机。

第二条

双方应采取措施，责成船舶指挥人员严格遵守 1972 年 10 月 20 日在伦敦签署的《国际海上避碰规则公约》所附《国际海上避碰规则》（以下简称《碰撞规则》）的规定和精神。双方承认，在领海以外开展行动的自由是基于国际法承认的原则。

＊1989 年 12 月 30 日生效。

第三条

1. 除根据《碰撞规则》的要求保持航向和速度外,在任何情况下,相互靠近作业的双方船只都应给对方让路,以避免发生碰撞危险。

2. 在对方编队附近相遇或作业的船舶,应依照《碰撞规则》避免以阻碍编队演进的方式进行操作。

3. 编队不得在实施国际公认的分道通航制的交通繁忙地区进行演习。

4. 船舶监视对方船舶应当保持一定的距离,避免碰撞危险,并避免进行可能使对方船舶陷入困境或者危及对方船舶的操作。除根据《碰撞规则》的要求保持航向和航速外,从事监视的船舶应行使良好的航海技术,尽早采取积极行动,以免使被监视船舶陷入困境或受到危害。

5. 在彼此视线范围内作业的双方船舶,为表明其行动和意图,应使用《碰撞规则》《国际信号规则》和本协定附件所载《特殊信号表》中规定的信号(旗帜、声音和灯光)。在夜间或能见度降低的情况下,或在照明条件和距离无法辨识信号旗帜的情况下,应使用闪光灯或甚高频无线电信道16(156.8兆赫)。

6. 双方船舶:

(1)不得用瞄准枪、导弹发射器或鱼雷发射管或其他武器模拟攻击对方船只或飞机。

(2)不得以对对方船舶构成危险或对航行构成危险的方式向对方船舶发射任何物体。

(3)不得使用探照灯或其他照明装置照亮对方船舶的舰桥或机载飞机的驾驶舱。

(4)不得以危害船员健康或损坏对方船舶或飞机上的设备的方式使用激光。

(5)不得向对方船舶或飞机方向发射信号火箭。

7. 在潜艇上进行演习时,一方的辅助船舶应出示《国际信号规则》或本协定附件所载的《特殊信号表》中规定的适当信号,以警告其他船舶该地区存在潜艇。

8. 一方船舶在接近另一方船舶时,如根据《碰撞规则》第三条第7款,该另一方船舶的操纵能力受到限制,特别是从事发射或降落飞机的船舶以及正在进行补给的船舶,应采取适当措施,不妨碍此类船舶的操作,并应给对方让路。

第四条

1. 双方的飞机指挥官在接近对方的飞机和船只,特别是从事发射或降落

飞机的船只时,应格外谨慎,为共同安全起见,不得准许:

(1)对对方船只和飞机进行模拟攻击或模拟使用武器;

(2)在对方船舶上方进行特技飞行;

(3)在对方船舶附近以对其有害或妨碍航行的方式投掷任何物体。

2. 在黑暗中或仪器条件下飞行的双方飞机应尽可能打开导航灯。

第五条

1. 本协定禁止船舶和飞机采取的行动,同样不得针对另一方的非军事船舶和飞机采取。

2. 双方应采取措施,将本协议旨在确保相互安全的条款通知双方的非军事船只和飞机。

第六条

双方应通过既定的航海警告无线电广播系统,通常至少提前 3 至 5 天通知航海者在领水以外对航行或飞行中的飞机构成危险的行动。

第七条

1. 双方应及时交换有关双方船舶和飞机发生碰撞、造成损害的事件和其他海上事件的适当信息。意大利海军应通过驻罗马的苏维埃社会主义共和国联盟海军武官或其他武官提供此类信息,苏维埃社会主义共和国联盟海军应通过驻莫斯科的意大利共和国海军武官或其他武官提供此类信息。

2. 如果对方认为立即收到其他海上事件的信息很重要,双方也应使用本条第 1 款所述的程序交换此类信息。

第八条

本协定自签署之日起 30 日内生效。可由任何一方提前 6 个月书面通知另一方终止协定。

第九条

双方代表应在本协定签署之日起 1 年内举行会议,审查本协定条款的执行情况以及进一步改善其船只航行和飞机在领水外飞行安全的可能途径。此后,应每年或按双方的商定更为频繁地进行类似磋商。

1989 年 11 月 30 日订于罗马,一式两份,用意大利文和俄文写成,两种文本具有同等效力。

附件　特殊信号表*

以下信号前面是代码组 YVI：

信　号	信号的含义
IR1	我正在从事海洋学工作。
IR2(…)	我正在流动/拖曳水文测量设备……后退几米。
IR3	我正在回收水文测量设备。
IR4	我正在进行打捞作业。
JH1	我正试图收回一艘搁浅的船只。
MH1	请你不要在我前面越过我的航线。
NB1(…)	我有独立的水文测量设备，其方位与我所指出的方向一致……（ICS 表 3）。
PJ1	我无法向右舷改变航向。
PJ2	我无法改变航向到我的港口。
PJ3	警告。我有一个驾驶伤员。
PP8(…)	危险的行动正在进行中。请你不要靠近我指示的方向……（ICS 表 3）
QF1	警告。我已经停止了引擎。
QS6(…)	我正沿航线向锚泊地航行。
QV2	我在前后使用两个或更多的锚或浮标来固定多腿系泊。请你避让。
QV3	我锚定在深水里，有水文测量设备。
RT2	我打算从你的左舷通过。
RT3	我打算从你的右舷通过。
RT4	我将在你的左舷追上你。
RT5	我将在你的右舷追上你。
RT6(…)	我在演习（或者编队在演习）。请你不要靠近我指示的方向……（ICS 表 3）
RT7(…)	我在距离……100 米（码）的地方，将在右舷接近你们的船。

* 双方应就本表信号的使用发出双方同意的指示。双方代表可通过协商在本表中加入必要的变更和补充。

续表

信 号	信号的含义
RT8(…)	我在距离……100 米(码)的地方,将在左舷接近你们的船。
RT9(…)	我将在……100 米(码)的距离内向后穿过。
RU2(…)	我将在……分钟后开始在港口转弯。
RU3(…)	我将在……分钟后开始右舷转弯。
RU4	该编队正准备改变航向进港。
RU5	编队正准备改变航向到右舷。
RU6	我正在进行演习。进入编队危险。
RU7	我正准备潜入水中。
RU8	一艘潜艇将于 30 分钟内在离我不到 2 英里的地方浮出水面。请你避让。
SL2	要求表明你的航向、速度和通过意图。
TX1	我正在进行渔业巡逻。
UY1(…)	我正准备按航向发射/回收飞机……
UY2(…)	我正准备进行导弹演习。请你不要靠近我指示的方向……(ICS 表 3)
UY3(…)	我正准备进行射击练习。请你不要靠近我指示的方向……(ICS 表 3)
UY4	我正准备使用/正在使用炸药。
UY5(…)	我正在如我所示的……方向准备鱼雷发射演习。(ICS 表 3)
UY6(…)	我正准备按航线进行/正在进行途中补给。……请你避让。
UY7	我正在准备进行大型的小艇和舰对岸两栖训练作战。
UY8	我正在进行发射/回收登陆艇的演习。
UY9	我正准备/正在船尾进行直升机操作。
UY10	我正在检查射击系统。*
UY11	我正在检查火箭系统。**
UY12(…)	我正准备/正在用拖曳目标的飞机进行/射击练习/轰炸。请不要靠近我指示的方向……(ICS 表 3)
ZL1	我已经收到并理解了你的信号。
ZL2	你理解了吗? 请求确认。
ZL3	您的信号已收到,但尚未被理解。

---

* 当船舶例行或出于其他技术原因测试其射击和火箭旋转机械时,这些信号应当由船舶传输。

** 当船舶例行或出于其他技术原因测试其射击和火箭旋转机械时,这些信号应当由船舶传输。

美利坚合众国政府和苏维埃社会主义共和国联盟政府
关于海洋研究合作的协定

（1990 年 6 月 1 日）

美利坚合众国政府和苏维埃社会主义共和国联盟政府（以下简称"双方"），

认识到为和平目的和人类福祉全面研究世界海洋的重要性，

各国争取通过海洋调查和研究方面的广泛国际合作，更全面地了解和合理利用世界海洋，

意识到两国研究世界海洋的能力和资源以及两国以往合作的历史和成果，

希望共同努力，进一步调查世界海洋，并将调查结果用于造福两国人民和全人类，

注意到 1985 年 11 月 21 日签署的《美利坚合众国政府和苏维埃社会主义共和国联盟政府关于科学、技术、教育、文化和其他领域接触、交流与合作的总协定》、1972 年 5 月 23 日签署的《环境保护领域合作协定》和 1989 年 1 月 8 日签署的《基础科学研究领域合作协定》，

希望继续根据 1973 年 6 月 19 日签署的《世界海洋研究合作协定》进行合作，

兹协议如下：

第一条

1. 双方将在平等互利的基础上发展和开展海洋研究合作。

2. 根据本协议进行的所有合作都须经过双方的批准，并遵守双方的国家法律、法规和国际义务以及符合拨款和人员的可用性。

第二条

1. 在海洋研究中，双方将共同努力，调查重要和相互商定的科学议题。

2. 可考虑在以下领域开展合作：

（1）物理海洋学；

（2）化学和生物海洋学；

（3）海洋地质、地球物理和地球化学研究；

（4）生物生产能力和海洋生物群落的功能；

（5）海洋气象学。

3. 初步合作项目载于附件一，附件一是协定的组成部分。经双方协商一致，可以增加其他项目。

第三条

1. 前几条规定的合作可以采取以下形式：

（1）合作科研项目，包括实地考察，参与的科学家、专家和研究人员的交流，交流和联合发表成果；

（2）联合科学会议、专题讨论会和讲习班；

（3）交流科学信息和文献；

（4）两国适当参与国际科学组织主办的多边合作活动；

（5）促进双方利用两国的适当港口设施提供船舶服务和补给，包括船员的休息和更换，以开展合作活动。

2. 其他形式的合作可以通过双方的相互协议加以补充。

第四条

1. 根据本协定开展的海洋研究合作将在联合核准的项目和方案的框架内并按照这些项目和方案实施的书面安排进行。

2. 双方将根据商定的合作活动，确保在平等、互惠和互利的基础上向参加本协定下联合合作活动的研究所、科学家和其他专家提供获取科学数据的机会。

第五条

1. 这项协议将由美－苏海洋研究合作联合委员会执行。除非双方另有约定，否则本联合委员会一般每年在美国或苏联举行 1 次会议。

2. 联合委员会应采取有效执行本协定所需的行动，包括但不限于批准具体的合作项目和方案、指定负责开展合作活动的机构和组织并酌情向各方提出建议。

3. 各方应有 1 名执行代理人协助联合委员会。美利坚合众国的执行机构将是美国商务部的组成机构国家海洋和大气局（NOAA）。苏维埃社会主义共和国联盟的执行机构将是苏联国家科学技术委员会（GKNT）。

4. 双方执行代理人将负责在联合委员会会议之间执行本协议。执行人员将保持联系,相互通报执行本协议的活动和进展情况,并协调和监督根据本协议开展的合作活动的发展和实施。

第六条

本协定的任何内容不得解释为损害双方之间的其他协议或任何一方对其他国际海洋学方案的承诺。

第七条

双方经对方同意,可以邀请第三国参加本协议下的合作活动。这种参与将符合本协议的规定。

第八条

知识产权及其权利的保护应由构成本协议组成部分的附件二规定。

第九条

1. 本协定经双方签字后生效,有效期为 5 年。经双方书面同意,可以修改或者延长。

2. 在本协定有效期结束时进行的合作活动,除非任何一方终止,否则将按照本协定的条款继续进行到结束。

3. 任何一方有权提前 6 个月书面通知另一方终止本协定。

4. 本协定一经生效,将取代 1973 年经修正和延长的《美苏世界海洋研究合作协定》。

下列签署人经各自政府正式授权,签署本协议,以昭信守。

附件一

本协定下的合作将在以下项目中初步实施:

1. 南大洋动力学

2. 大西洋中部脊峰的变化过程

3. 海洋沉积物地球化学

4. 特别关注天然气水合物的北极侵蚀过程

附件二

根据本协定第八条：

第一条　一般规定

1. 为本协定的目的，"知识产权"应理解为具有 1967 年 7 月 14 日在斯德哥尔摩签署的《建立世界知识产权组织公约》第二条的含义。

2. 双方应确保根据本协议建立或提供的知识产权得到充分有效的保护。

第二条　版权

除另有特别约定外，双方应根据各自的国家法律采取适当措施，保护根据本协定创作的作品的版权。下列规定适用于根据本协定创作的作品的版权保护：

1. 除另有约定外，双方均有权根据版权获得非排他性、不可撤销、免版税的许可，并根据任何一方的国家法律得到保障，在自己的领土上翻译、复制、出版和分发已出版的科学、技术和医疗作品，并有权根据该方的法律和惯例在其领土上授予分许可。任何此类受版权保护的作品都应注明参与联合作品的所有人的姓名。根据要求，任何一方都有权在第三国获得许可证。

2. 其他受版权保护的作品（如计算机软件）的权利分配方式应与本附件第三条第 2 至第 4 款规定的发明相同。根据本条款获得包含商业机密信息的版权作品权利的一方应根据本附件第四条保护此类信息。

第三条　发明

1. 在本附件中，"发明"是指在本协定下的合作过程中作出的任何发明。这些发明根据美利坚合众国、苏维埃社会主义共和国联盟或任何第三国的法律是或可能是可以获得专利或以其他方式得到保护的。"作出"是指构思中的或者已经提出专利或其他保护权利申请或者已经付诸实践的发明。

2. 在一方与其国民之间，发明创造权益的归属将按照该方的国家法律和惯例确定。

3. 除非另有特别约定，否则双方应采取适当步骤实施以下内容：

（1）如果发明是在合作活动方案中作出的，只涉及双方之间的信息转移或交换，例如通过联席会议、研讨会或交换技术报告或论文，除非另有特别约定：

（a）作出发明的人所在的一方（"发明方"）有权根据各国适用的国家法律在各国获得发明创造的所有权益；

（b）在发明方决定不获得这种权益的任何国家，另一方都有权这样做。

（2）如果发明是由一方（"转让方"）的人员在只涉及科学技术人员访问或交流的合作活动方案中向另一方（"接收方"）分配时作出的：

（a）接收方有权按照各国适用的国家法律在所有国家获得本发明的所有权益；

（b）在接收方决定不获取此类权益的任何国家，转让方都有权这样做。

4. 对于其他形式的合作，如具有商定工作范围的联合研究项目，每一方都有权获得因这种合作而产生的任何发明在本国的所有权益，而发明所在国的一方则有权优先选择在第三国获得该项发明的法律保护，并有权在第三国获得这种权益的许可或转让。但是，如果双方同意将本款适用于某一特定的合作活动会导致不公平的结果，则应同意公平分配该活动的权利。

5. 尽管有上述规定，但如果一项发明属于根据一方法律而不是另一方法律可获得专有权的类型，则其法律规定专有权的一方应有权在所有提供该发明权利的国家享有所有权利。然而，双方可能同意对这种发明进行不同的权利分配。

6. 双方应相互披露在合作活动方案中所作出的发明，并相互提供必要的文件和资料，使对方能够获得可能享有的任何权利。双方可以书面形式要求对方推迟公布或公开披露此类文件或信息，以保护各自与发明有关的权利。除非另有书面约定，否则此类限制不得超过自传达此类信息之日起6个月的期限，沟通应通过执行代理进行。

第四条　商业机密信息

1. 双方不希望在本协定项下的合作过程中相互提供或创建商业机密信息。如果不经意间提供或创建了此类信息，或者双方同意提供此类信息，则双方应按照法律、法规和行政惯例给予充分保护。

2. 在本附件中，"商业机密信息"是指符合以下所有条件的机密信息：

（1）属于出于商业原因通常保密的类型；

（2）一般不为人所知或从其他来源公开获得的信息；

（3）以前没有被所有者提供给没有保密义务的人的信息；

（4）还没有被无保密义务的接收方拥有的信息。

3. 任何被保护为"商业机密信息"的信息应由提供此类信息的一方进行适当识别，或声称其应受到保护，但双方法律、法规和行政惯例另有规定的除外。在遵守上述法律、法规和行政惯例的情况下，未经确认的信息将被视为不受保护的信息，但合作活动的一方可以在提供或转让此类信息后的合理时间内书面通知另一方，根据其国家的法律、法规和行政惯例，此类信息属于商业机密。此后，这些信息将根据上文第 1 款得到保护。

第五条　其他类型的知识产权

"其他类型的知识产权"是指除上文第二和第三条所述的以外，任何一方或任何第三国的法律、法规和行政惯例可保护的任何知识产权，包括例如科学发现、掩膜作品和商标。其他类型知识产权的权利应按照本附件第三条第 2 至第 4 款规定的与发明相同的方式确定。如果一项知识产权是根据一方法律而不是另一方法律可获得保护的，其法律提供这种保护的一方应享有保护这种知识产权的所有国家的所有权利。但是，双方可以同意对这种知识产权进行不同的权利分配。

第六条　杂项

1. 每一方应采取一切必要和适当的步骤，为其作者、发明者和发现者提供执行本附件规定所需的合作。

2. 每一方均有责任按照其法律法规向其国民支付赔偿金或赔偿。本附件不产生作者或发明者因其作品或发明获得赔偿的任何权利或利益，也不损害作者或发明者的任何权利或利益。

3. 本协定下产生的知识产权纠纷应尽可能通过执行代理人之间的协商解决。如果执行代理人不能解决，应由双方或其指定人员协商解决。

第七条　效力的终止或失效

本协定的终止或失效不影响本附件项下的权利或义务。

第八条　适用

除另有特别约定外，本附件适用于所有合作活动协议。

库克群岛政府和法兰西共和国政府
关于海洋划界的协定

（1990 年 8 月 3 日）

库克群岛政府和法兰西共和国政府，

期望加强两国之间的睦邻友好关系，

认识到需要对两国行使主权权利的海洋区域进行精确和公平的划界，

基于相关国际法规则和原则以及 1982 年 12 月 10 日《联合国海洋法公约》，

达成协议如下：

第一条

1. 库克群岛和法兰西共和国之间海洋区域划界分界线是沿方位线连接以下坐标确定的各点的线：

点号	西经	南纬
点 1	158°07′41″	15°52′08″
点 2	157°52′07″	16°24′18″
点 3	157°14′45″	17°19′06″
点 4	156°02′31″	18°20′44″
点 5	155°10′28″	18°55′11″
点 6	154°48′20″	19°15′26″
点 7	156°19′23″	21°24′20″
点 8	156°08′33″	24°53′40″

该线在库克群岛和法属波利尼西亚之间近似等距离。

上述地理坐标依据 1984 年世界大地测量系统（WGS 84）确定。

上述分界线见本协议附图*。

第二条

本协议第一条规定的分界线应是上述第一条所指的双方依据国际法行使或将要行使任何主权权利或管辖权的区域之间的海洋边界。

第三条

如果新的调查或结果图和地图表明基点坐标的变化足够要求调整海洋边界，双方应同意在确定本海洋边界所依据的同样原则的基础上进行调整，调整内容应作为本协议的一个议定书。

第四条

双方之间与本协议解释和应用有关的争议应依据国际法通过和平方式解决。

第五条

本协议于签署之日起生效。

由双方政府正式授权的代表签署本协议，以昭信守。

本协议于 1990 年 8 月 3 日在拉罗汤加岛签署，由英文和法文写成，两种文本具有同等效力。

＊本协议一直没有附图。

美利坚合众国与苏维埃社会主义共和国联盟
海洋边界协定

（1990 年 6 月 1 日）

美利坚合众国与苏维埃社会主义共和国联盟（以下称"双方"），

忆及 1867 年 3 月 18—30 日《美国－俄罗斯公约》（以下称《1867 年公约》），

期望解决美国和苏联之间的海洋边界问题，

期望确保沿海国家依据国际法在缺少海洋边界的情况下在所有为任何目的能行使管辖权的海洋区域行使管辖权；

达成协议如下：

第一条

1. 双方同意《1867 年公约》第一条所称的"西部界限"，也是本协议第二条确定的边界线，是美国和苏联之间的海洋边界。

2. 每一缔约方应尊重国际法允许的，为任何目的限制沿海国家管辖权范围的海洋边界。

第二条

1. 海洋边界从起点 65°30′N,168°58′37″W 沿 168°58′37″W 子午线向北延伸，穿过白令海峡和楚科奇海，进入北冰洋直到国际法允许的范围。

2. 海洋边界从同样的起点向南延伸，由连接本协议附件规定的各点的线确定，该附件是本协议不可分割的一部分。

3. 所有的地理位置由 1984 年世界大地测量系统（WGS 84）确定，除非特别说明，都由测地线连接。

第三条

1. 该海洋边界以东、从测量苏联领海宽度的基线起 200 海里内并且从测量美国领海宽度的基线起 200 海里以远的任何区域（"东部特别区"），在无双方海洋边界协议的情况下，苏联同意从此美国可以行使源自专属经济区管辖权的主权权利和管辖权，而苏联依据国际法享有行使这些权利的权利。

2. 该海洋边界以西、从测量美国领海宽度的基线起 200 海里内并且从测量苏联领海宽度的基线起 200 海里以远的任何区域("西部特别区"),在无双方海洋边界协议的情况下,美国同意从此苏联可以行使源自专属经济区管辖权的主权权利和管辖权,而美国依据国际法享有行使这些权利的权利。

3. 任一方在本条规定的特别区和海洋边界己方区域行使的主权权利或管辖权均源自双方协议,并且不能形成延伸的专属经济区。为此目的,每一方应采取必要措施确保在特别区和海洋边界己方区域行使主权权利或管辖权应在其相关法律、法规和海图中加以说明。

第四条

本协议确定的海洋边界应不以任何方式影响或损害任一方与海洋法相关的国际法地位,包括行使与海域、海床和底土有关的主权、主权权利或管辖权的法规。

第五条

为本协议目的,"沿海国管辖权"指沿海国家依据国际海洋法行使的与海域、海床和底土有关的主权、主权权利或其他形式的管辖权。

第六条

任何有关本协议解释或执行方面的争议应通过协商或双方同意的其他和平方式解决。

本协议应经批准,自交换批准书之日起生效。

由双方政府正式授权代表签署本协议,以昭信守。

本协议于 1990 年 6 月 1 日在华盛顿签署,一式两份,每份由英文和俄文写成,两种文本具有同等效力。

附 件

本协议规定的地理位置使用 1984 年世界大地测量系统(WGS 84)确定,除非特别说明,以测地线连接。1 海里等于 1 852 米。

海洋边界确定如下:

从起点 65°30′N,168°58′37″W 沿 168°58′37″W 子午线向北延伸,穿过白令海峡和楚科奇海,进入北冰洋直到国际法允许的范围。

海洋边界从同样的起点连接以下各点向南延伸:

点号	纬度	经度
2	65°19′58″N	169°21′38″W
3	65°09′51″N	169°44′34″W
4	64°99′41″N	170°07′23″W
5	64°49′26″N	170°30′06″W
6	64°39′08″N	170°52′43″W
7	64°28′46″N	171°15′14″W
8	64°18′20″N	171°37′40″W
9	64°07′50″N	172°00′00″W
10	63°59′27″N	172°18′39″W
11	63°51′01″N	172°37′13″W
12	63°42′33″N	172°55′42″W
13	63°34′01″N	173°14′07″W
14	63°25′27″N	173°32′27″W
15	63°16′50″N	173°50′42″W
16	63°08′11″N	174°08′52″W
17	62°59′29″N	174°26′58″W
18	62°50′44″N	174°44′59″W
19	62°41′56″N	175°02′56″W
20	62°33′06″N	175°20′48″W
21	62°24′13″N	175°38′36″W
22	62°15′17″N	175°56′19″W
23	62°06′19″N	176°13′59″W
24	61°57′18″N	176°31′34″W
25	61°10′11″N	176°49′04″W
26	61°39′08″N	177°06′31″W
27	61°29′59″N	177°23′53″W
28	61°20′47″N	177°41′11″W

续表

点号	纬度	经度
29	61°11′33″N	177°58′26″W
30	61°02′17″N	178°15′38″W
31	60°52′57″N	178°32′42″W
32	60°43′35″N	178°49′45″W
33	60°34′11″N	179°06′44″W
34	60°24′44″N	179°23′38″W
35	60°15′14″N	179°40′30″W
36	60°11′39″N	179°46′49″W

然后,沿以点 60°38′23″N,173°06′54″W 为圆心,半径为 200 海里的弧形延伸至

点号	纬度	经度
37	59°58′22″N	179°40′55″W

然后,沿由点 64°05′08″N,172°00′00″W 和点 53°43′42″N,170°18′31″E 确定的等角线向西南延伸至

点号	纬度	经度
38	58°57′18″N	178°33′59″E

然后,沿以点 62°16′09″N,179°05′34″E 为圆心,半径为 200 海里的弧形延伸至

点号	纬度	经度
39	58°58′14″N	178°15′05″E
40	58°57′58″N	178°14′37″E
41	58°48′06″N	177°58′14″E
42	58°38′12″N	177°41′53″E
43	58°28′16″N	177°25′34″E
44	58°18′17″N	177°09′18″E
45	58°08′15″N	176°53′04″E

点号	纬度	经度
46	57°58′11″N	176°36′52″E
47	57°48′04″N	176°20′43″E
48	57°37′54″N	176°04′35″E
49	57°27′42″N	175°48′31″E
50	57°17′28″N	175°32′28″E
51	57°07′11″N	175°16′27″E
52	56°56′51″N	175°00′29″E
53	56°46′29″N	174°44′32″E
54	56°36′04″N	174°28′38″E
55	56°25′37″N	174°12′46″E
56	56°15′07″N	173°56′56″E
57	56°04′34″N	173°41′08″E
58	55°53′59″N	173°25′22″E
59	55°43′22″N	173°09′37″E
60	55°32′42″N	172°53′55″E
61	55°21′39″N	172°38′14″E
62	55°11′14″N	172°22′36″E
63	55°00′26″N	172°06′59″E
64	54°49′36″N	171°51′24″E
65	54°38′43″N	171°35′51″E
66	54°27′48″N	171°20′20″E
67	54°16′50″N	171°04′50″E
68	54°05′50″N	170°49′22″E
69	53°54′47″N	170°33′56″E
70	53°43′42″N	170°18′31″E
71	53°32′46″N	170°05′29″E
72	53°21′48″N	169°52′32″E
73	53°10′49″N	169°39′40″E

续表

点号	纬度	经度
74	52°59′48″N	169°26′53″E
75	52°48′46″N	169°14′12″E
76	52°37′43″N	169°01′36″E
77	52°26′38″N	168°49′05″E
78	52°15′31″N	168°36′39″E
79	52°04′23″N	168°24′17″E
80	51°53′14″N	168°12′01″E
81	51°42′03″N	167°59′49″E
82	51°30′51″N	167°47′42″E
83	51°19′37″N	167°35′40″E
84	51°11′22″N	167°26′52″E
85	51°12′17″N	167°15′35″E
86	51°09′09″N	167°12′00″E
87	50°58′39″N	167°00′00″E

照　会

1990 年 6 月 1 日

阁下：

很荣幸地提及由美利坚合众国和苏维埃社会主义共和国联盟政府的代表于今天签署的两国海洋边界协议,更荣幸地建议:在等待该协议生效期间,两国政府同意遵守该协议的条款直到 1990 年 6 月 15 日。

依据前述,很荣幸地向阁下建议:如果苏维埃社会主义共和国联盟政府可以接受前述约定,本照会与阁下的回复将形成两国政府间的协议,在您回复之日生效。

顺致,崇高敬意!

James Baker III

Eduard A. Shevardnadze 阁下
苏维埃社会主义共和国联盟外交部长

加拿大政府和苏维埃社会主义共和国联盟政府
关于防止领海以外海上事件的协定

（1989 年 11 月 20 日）

加拿大政府和苏维埃社会主义共和国联盟政府（以下简称"双方"），

希望确保各自武装部队船舶的航行安全和军用飞机在领海以外的飞行安全，确认本协定禁止的行动也不应对双方的非军事船只和飞机采取，

在国际法原则和规则的指导下，

兹协议如下：

第一条

1. 为本协定的目的，

（1）"船舶"是指：

（a）属于缔约一国的武装部队并带有标明其国籍的外部标记的一艘军舰，由该缔约国政府正式委任的军官指挥（其名字出现在适当的服役名单或同等文件中），由正规军事纪律的船员驾驶；

（b）属于缔约一国的武装部队并经有关当事方授权悬挂辅助船旗的辅助船。

（2）"飞机"是指除航天器以外的任何军用载人重空、轻空飞机。

（3）"编队"是指两艘或两艘以上的船舶在一起行动并一起操作。

2. 本协定适用于在领海以外作业的船舶和飞机。

第二条

双方应采取措施，责成各自船舶的指挥人员严格遵守 1972 年《国际海上避碰规则》（以下简称《1972 年碰撞规则》）的规定和精神。双方承认，他们在领海以外开展行动的自由是基于国际法确立和承认的原则。

第三条

1. 除根据《1972 年碰撞规则》的要求保持航向和速度外，在任何情况下，相互靠近作业的双方船只都应给对方让路，以避免发生碰撞危险。

2. 在对方编队附近相遇或作业的船舶，应依照《1972 年碰撞规则》避免以阻碍编队演进的方式进行操作。

3. 编队不得在实施国际公认的分道通航制的交通繁忙地区进行演习。

4. 船舶监视对方船舶应当保持一定的距离,避免碰撞危险,并避免进行可能使对方船舶陷入困境或者危及对方船舶的操作。除根据《1972 年碰撞规则》的要求保持航向和航速外,从事监视的船舶应尽早采取积极行动,以免使被监视船舶陷入困境或受到危害。

5. 在彼此视线范围内作业的双方船舶,为表明其行动和意图,应使用《1972 年碰撞规则》、《国际信号规则》和本协定附件所载《特殊信号表》中规定的信号(旗帜、声音和灯光)。在夜间或白天能见度降低的情况下,或在照明条件和距离无法辨识信号旗帜的情况下,应使用闪光灯或甚高频无线电信道 16(156.8 兆赫)。

6. 双方船舶:

(1)不得用瞄准枪、导弹发射器或鱼雷发射管或其他武器模拟攻击对方船只或飞机;

(2)不得向对方船只方向发射任何可能危害该等船只或危害航行的物体;

(3)不得使用探照灯或其他照明装置照亮对方船舶的舰桥或机载飞机的驾驶舱;

(4)不得以危害船员健康或损坏对方船舶或飞机上的设备的方式使用激光;

(5)不得向对方船舶或飞机方向发射信号火箭。

7. 在水下潜艇上进行演习时,一方的辅助船舶应出示《国际信号规则》或本协定附件所载的《特殊信号表》中规定的适当信号,以警告其他船舶该地区存在潜艇。

8. 一方船舶在接近另一方船舶时,如根据《1972 年碰撞规则》第三条第 7 款,该另一方船舶操作能力受到限制,特别是从事发射或降落飞机的船舶以及正在进行补给的船舶,应采取适当措施,不妨碍此类船舶的操作,并应给对方让路。

第四条

1. 双方的飞机指挥官在接近对方的飞机和船只,特别是从事发射或降落飞机的船只时,应格外谨慎,为共同安全起见,不得准许:

(1)对对方船只和飞机进行模拟攻击或模拟使用武器。

(2)在对方船舶上方进行特技飞行表演。

（3）向另一方船舶方向发射任何可能对该船舶构成危险或对航行构成危险的物体。

2. 在黑暗中或仪器条件下飞行的双方飞机应尽可能打开导航灯。

第五条

1. 本协定禁止船舶和飞机采取的行动，同样不得针对另一方的非军事船舶和飞机采取。

2. 双方应采取措施，将本协议旨在确保相互安全的条款通知双方的非军事船只和飞机。

第六条

双方应通过既定的无线电广播系统向海员和飞行员提供信息和警告，通常至少提前 3 至 5 天通知领海以外对航行或飞行中的飞机构成危险的行动。

第七条

1. 双方应及时交换有关双方船舶和飞机发生碰撞、造成损害的事件和其他海上事件的适当信息。加拿大部队应通过驻渥太华的苏联海军或其他武官提供此类信息，苏联海军应通过驻莫斯科的加拿大部队海军武官或其他加拿大部队武官提供此类信息。

2. 如果对方认为立即收到其他海上事件的信息很重要，双方也应使用本条第 1 款所述的程序交换此类信息。

第八条

本协定自签署之日起生效。可由任何一方提前 6 个月书面通知另一方终止协定。

第九条

双方代表应在本协定签署之日起 1 年内举行会议，审查本协定条款的执行情况以及进一步改善其船只航行和飞机在领海外飞行安全的可能途径。此后，应每年或按双方的商定更为频繁地进行类似磋商。

下列签署人经各自政府正式授权签署本协议，以昭信守。

附件　特殊信号表*

以下信号前面是代码组 YVI：

信号	信号的含义
IR1	我正在从事海洋学工作。
IR2(...)	我正在流动/拖曳水文测量设备……后退几米。
IR3	我正在回收水文测量设备。
IR4	我正在进行打捞作业。
JH1	我正试图收回一艘搁浅的船只。
MH1	请你不要在我前面越过我的航线。
NB1(...)	我有独立的水文测量设备,其方位与我所指出的方向一致……(ICS 表3)。
PJ1	我无法向右舷改变航向。
PJ2	我无法改变航向到我的港口。
PJ3	警告。我有一个驾驶伤员。
PP8(...)	危险的行动正在进行中。请你不要靠近我指示的方向……(ICS 表3)
QF1	警告。我已经停止了引擎。
QS6(...)	我正沿航线向锚泊地航行。
QV2	我在前后使用两个或更多的锚或浮标来固定多腿系泊。请你避让。
QV3	我锚定在深水里,有水文测量设备。
RT2	我打算从你的左舷通过。
RT3	我打算从你的右舷通过。
RT4	我将在你的左舷追上你。
RT5	我将在你的右舷追上你。
RT6(...)	我在演习(或者编队在演习)。请你不要靠近我指示的方向……(ICS 表3)
RT7(...)	我在距离……100 米(码)的地方,将在右舷接近你们的船。
RT8(...)	我在距离……100 米(码)的地方,将在左舷接近你们的船。

＊双方应就本表信号的使用发出双方同意的指示。双方代表可通过协商在本表中加入必要的变更和补充。

续表

信号	信号的含义
RT9(…)	我将在……100 米(码)的距离内向后穿过。
RU2(…)	我将在……分钟后开始在港口转弯。
RU3(…)	我将在……分钟后开始右舷转弯。
RU4	该编队正准备改变航向进港。
RU5	编队正准备改变航向到右舷。
RU6	我正在进行演习。进入编队危险。
RU7	我正准备潜入水中。
RU8	一艘潜艇将于 30 分钟内在离我不到 2 英里的地方浮出水面。请你避让。
SL2	要求表明你的航向、速度和通过意图。
TX1	我正在进行渔业巡逻。
UY1(…)	我正准备按航向发射/回收飞机……
UY2(…)	我正准备进行导弹演习。请你不要靠近我指示的方向……(ICS 表 3)
UY3(…)	我正准备进行射击练习。请你不要靠近我指示的方向……(ICS 表 3)
UY4	我正准备使用/正在使用炸药。
UY5(…)	我正在如我所示的……方向准备鱼雷发射演习。(ICS 表 3)
UY6(…)	我正准备按航线进行/正在进行途中补给。……请你避让。
UY7	我正在准备进行大型的小艇和舰对岸两栖训练作战。
UY8	我正在进行发射/回收登陆艇的演习。
UY9	我正准备/正在船尾进行直升机操作。
UY10	我正在检查射击系统。*
UY11	我正在检查火箭系统。**
UY12(…)	我正准备/正在用拖曳目标的飞机进行/射击练习/轰炸。请不要靠近我指示的方向……(ICS 表 3)
ZL1	我已经收到并理解了你的信号。
ZL2	你理解了吗？请求确认。
ZL3	您的信号已收到,但尚未被理解。

* 当船舶例行或出于其他技术原因测试其射击和火箭旋转机械时,这些信号应当由船舶传输。
** 当船舶例行或出于其他技术原因测试其射击和火箭旋转机械时,这些信号应当由船舶传输。

法兰西共和国政府和所罗门群岛政府
海洋划界协定

（1990 年 11 月 12 日）

法兰西共和国政府和所罗门群岛政府，

期望加强两国之间的睦邻友好关系，

认识到需要对两国行使主权权利的海洋区域进行精确和公平的划界，

基于相关国际法规则和原则以及 1982 年 12 月 10 日的《联合国海洋法公约》，

达成协议如下：

第一条

1. 所罗门群岛和法兰西共和国之间的海洋区域划界分界线是沿方位线连接以下坐标确定的各点的线：

点号	南纬	东经
点 23	15°44′07″	158°45′39″
点 24	16°07′37″	160°14′54″
点 25	15°12′17″	162°19′26″
点 26（a）	14°50′03″	163°10′

2. 该线在法属新喀里多尼亚附近区域和所罗门群岛之间近似等距。

3. 上述地理坐标依据 1984 年世界大地测量系统（WGS 84）确定。

4. 上述分界线见本协议附图。

第二条

本协议第一条规定的分界线应是上述第一条所指的双方依据国际法行使或将要行使任何主权权利或管辖权的区域之间的海洋边界。

第三条

双方之间与本协议解释和适用有关的争议应依据国际法通过和平方式

解决。

第四条

本协议于签署之日起生效。

由双方政府正式授权的代表签署本协议并盖章,以昭信守。

本协议于 1990 年 11 月 12 日在霍尼亚拉签署,由法文和英文写成,两种文本具有同等效力。

修改 1983 年 1 月 19 日
《法兰西共和国政府和斐济政府关于经济区划界的协定》的
附加协议*
（1990 年 11 月 8 日）

法兰西共和国政府和斐济共和国政府，

希望缔结一份附加协议，用于修改 1983 年 1 月 19 日在苏瓦签署的《法兰西共和国政府和斐济政府关于经济区划界的协定》。

已同意将上述协定的附件 1 第 2 款修改如下：

附件 1

2. 法国（瓦利斯群岛和富图纳）与斐济之间

点号	纬度	经度
1	15°53′56″S	177°25′04″W
2	15°17′44″S	178°29′42″W
3	14°47′33″S	179°14′44″W
4	13°19′04″S	179°30′18″W
5	13°14′25″S	179°32′05″W

本附件中各点的位置由 1972 年世界大地测量系统（WGS 72）上的纬度和经度确定。

本附加协议自签署之日起生效。

下列签署人经各自政府正式授权，在本附录上签字，以昭信守。

1990 年 11 月 8 日在苏瓦签订，正本两份，每份都用法文和英文写成，两种文本具有同等的权威性。

---

*1983 年 1 月 19 日的协定于 1984 年 8 月 21 日生效，并收录在《海上边界协定（1970—1984）》（联合国出版物，出售品编号 E. 87. V. 12，第 276—279 页）中。

特立尼达和多巴哥共和国与委内瑞拉共和国

关于海洋与海底区域划界的协定*

（1990 年 4 月 18 日）

特立尼达和多巴哥共和国政府与委内瑞拉共和国政府，以下简称"缔约方"，

作为友好邻国，本着合作与友好的精神，通过确定两国之间精确、公平的海洋分界线，永久解决海洋和海底区域划界问题，缔约方政府各自在边界内行使主权、主权权利和管辖权，

考虑到国际法规章及海洋法的新发展，

达成协议如下：

第一条

本条约所指的特立尼达和多巴哥共和国与委内瑞拉共和国之间的海洋边界是指领海、大陆架和专属经济区的分界线以及缔约方根据国际法已确立的或可能确立的其他海洋和海底区域的分界线。

第二条

1. 加勒比海、帕里亚湾、蛇口海峡和大西洋海域的海洋和海底区域划界分界线是连接以下地理坐标的测地线。

点号	纬度	经度
1	11°10′30″N	61°43′46″W
2	10°54′40″N	61°43′46″W
3	10°54′15″N	61°43′52″W
4	10°48′41″N	61°45′47″W
5	10°47′38″N	61°46′17″W
6	10°42′52″N	61°48′10″W

＊1991 年 11 月 5 日由委内瑞拉常驻代表团传达，1991 年 7 月 23 日生效。

续表

点号	纬度	经度
7	10°35′20″N	61°48′10″W
8	10°35′19″N	61°51′45″W
9	10°02′46″N	62°04′59″W
10	10°00′29″N	61°58′25″W
11	09°59′12″N	61°51′18″W
12	09°59′12″N	61°37′50″W
13	09°58′12″N	61°30′00″W
14	09°52′33″N	61°13′24″W
15	09°50′55″N	60°53′27″W
16	09°49′55″N	60°39′51″W
17	09°53′26″N	60°16′02″W
18	09°57′17″N	59°59′16″W
19	09°58′11″N	59°55′21″W
20	10°09′59″N	58°49′12″W
21	10°16′01″N	58°49′12″W

点1向北沿61°43′46″W方向延伸至与第三国管辖权区域相交的点,点21沿67°方位角延伸至专属经济区的外部界限,然后至约位于大陆外边缘的点22——11°24′00″N,56°06′30″W,该分界线划分了特立尼达和多巴哥共和国与委内瑞拉共和国的国家管辖区域以及人类共同继承财产的国际海洋区域。

2. 在大陆外边缘接近从任一方基线向海350海里的情况下,双方保留遵循国际法规则确定和协商各自权利至该边缘的权利,本条约的所有条款不应以任何方式侵害或限制这些权利或第三方的权利。

第三条

双方均同意:在加勒比海和帕里亚湾,上述海洋边界以西和以南的特立尼达和多巴哥共和国,该边界以东和以北的委内瑞拉共和国,以及在大西洋,上述海洋边界以南的特立尼达和多巴哥共和国,该边界以北的委内瑞拉共和国,为任何目的都不应对本条约第一条规定的海洋和海底区域宣称或行使主权、主权权利或管辖权。

第四条

1. 上述各点的位置由1956年南美暂行基准(1924国际椭球体)确定。

2. 上述各点和分界线已在双方接受的地图上示例并作为本条约附件附后。

第五条

1. 缔约方同意组建特立尼达和多巴哥/委内瑞拉联合划界委员会,该委员会应尽可能负责上述各点和分界线的具体划界工作及所有相关活动。

2. 本条第1款所指的划界应受委员会认定适当的助航标志的影响。

3. 委员会应由每个国家的3名代表与认为必要的观察员组成,人员姓名应通过外交渠道正式交流沟通。

4. 委员会应于本条约生效后3个月内和此后应任一缔约方或委员会本身的要求开始工作,委员会会议应在特立尼达和多巴哥共和国及委内瑞拉共和国轮流举办。

第六条

在不侵害国际法认可的缔约方在其他区域的航行权和飞越领空权的情况下,委内瑞拉船只和飞机应享有在特立尼达岛和多巴哥岛之间的海峡仅为快速、不间断通过存有争议的海洋区域为目的的航行和飞越领空的自由,自此该项权利称为"过境通行权"。过境通行不排除遵守港口进入规定及其他通行规定的为进入或离开特立尼达和多巴哥目的经过或越过海洋区域的通行。无害通过应适用于帕里亚湾的其他海峡。

第七条

如果任何单一的地质石油结构或油田,或包括沙石和砾石在内的任何其他矿藏的任何单一的地质结构或矿田,延伸跨越划界界线,并且位于划界界线一侧的该矿藏结构或矿田可完全或部分从该界线另一侧开采,则缔约方应在适当的技术磋商之后寻求达成协议,以最有效的方式开采该矿藏结构或矿田,并且分摊该开采活动的成本与效益。

第八条

任一缔约方决定在划界界线500米以外的区域开展或允许钻探活动,都应将该活动告知另一方。

第九条

缔约方应采取一切措施保护本条约涉及的海洋区域的海洋环境,因此,双方同意:

1. 向对方提供法律条款信息及海洋保护经验信息。

2. 提供查明污染事件并作出决定的主管机构信息。

3. 互相通知发生在海洋边界区的实际、即将或潜在严重污染的任何迹象。

第十条 争议的解决

本条约解释或适用中出现的任何异议或争议应通过缔约方之间的直接磋商或协商和平解决。

第十一条

1. 本条约应经过批准并于批准书交换之日起生效,缔约方应尽快在西班牙港交换批准书。

2. 因本条约的约束,1942 年 2 月 26 日在加拉加斯签署的《英国国王陛下与委内瑞拉合众国总统关于帕里亚湾海底区域条约》和 1989 年 8 月 4 日在西班牙港签署的《特立尼达和多巴哥共和国政府与委内瑞拉共和国政府关于海洋和海底区域划界协议(第一阶段)》应在缔约方之间停止生效。

本条约于 1990 年 4 月 18 日在加拉加斯签署,一式两份,由英文和西班牙文写成,两种文本具有同等效力。

法兰西共和国政府和比利时王国政府
关于领海划界的协定
（1990 年 10 月 8 日）

法兰西共和国政府和比利时王国政府，

期望确立法兰西共和国和比利时王国的领海分界线，

期望考虑到适用于海洋空间划界的所有现行规定，以期实现公平解决，

达成协议如下：

第一条

1. 法兰西共和国领海和比利时王国领海之间的边界应由连接以下各序列点的方位线组成：

点号	东经	北纬
点 1	02°32′37″	51°05′37″
点 2	02°23′25″	51°16′09″

2. 第 1 款规定中点的坐标由欧洲基准（1950 年第一次调整）确定。

3. 第 1 款规定的线的示例见本协议附图。

第二条

上述确定的点已考虑到法国和比利时沿岸的低潮高度，然而，法国和比利时采用不同的计算低潮高度的方法导致了两个不同的划界方案。因此，双方同意应将两个划界方案涵盖的区域分成相等的两部分。

第三条

每个协议方完成本协议生效所必需的宪法程序时应通知另一方。本协议应自收到最后通知之日起生效。

由双方政府正式授权代表签署本协议，以昭信守。

本协议于 1990 年 10 月 8 日在布鲁塞尔签署。

法兰西共和国政府和比利时王国政府
关于大陆架划界的协定

（1990 年 10 月 8 日）

法兰西共和国政府和比利时王国政府，

期望确立法兰西共和国和比利时王国的大陆架界线，期望考虑到适用于海洋空间划界的所有现行规定，以期实现公平解决，

达成协议如下：

第一条

1. 法兰西共和国大陆架和比利时王国大陆架之间的边界应由连接以下各序列点的方位线组成：

点号	东经	北纬
点 2	02°23′25″	51°16′09″
点 3	02°14′18″	51°33′28″

2. 第 1 款规定中点的坐标由欧洲基准（1950 年第一次调整）确定。

3. 第 1 款规定的线的示例见本协议附图。

第二条

基于以下两种假设的折中方案试图达成公平解决，然后确定上述规定的各点：一是考虑到法国和比利时沿岸的低潮高度，二是考虑到海岸的低潮线。

第三条

每个协议方完成本协议生效必需的宪法程序时应通知另一方。本协议应在收到最后通知之日起生效。

由双方政府正式授权签署本协议，以昭信守。

本协议于 1990 年 10 月 8 日在布鲁塞尔签署。

大不列颠及北爱尔兰联合王国政府和比利时王国政府
关于两国大陆架划界的协定

（1991 年 5 月 29 日）

大不列颠及北爱尔兰联合王国政府和比利时王国政府，

希望充分考虑到国际法关于国际边界的现行规则，以公平解决在其各自的大陆架部分之间建立共同边界的问题，

兹协议如下：

第一条

1. 属于大不列颠及北爱尔兰联合王国的大陆架和属于比利时王国的大陆架之间的边界应为一条按顺序连接以下各点的斜航线，各点坐标如下：

点号	纬度	经度
1	51°33′28″N	02°14′18″E
2	51°36′47″N	02°15′12″E
3	51°48′18″N	02°28′54″E

本文中各点的位置由欧洲基准（1950 年第一次调整）上的经纬度确定。

2. 分界线是通过本协议所附图表中的插图绘制的。

第二条

1. 如果任何单一地质矿物油或天然气结构或油田，或任何其他矿床的单一地质结构或油田跨越边界，位于边界一侧的该结构或油田可全部或部分从边界另一侧开采，则双方应寻求就该结构或油田的开采达成协议。

2. 在本条中，"矿物"一词的意义是最普遍、最广泛和最全面的，包括在地面上、地面中或地面下出现的所有非生物资源，而不论其化学或物理状态如何。

本协定自两国政府交换接受本协定的通知之日起生效。

下列签署人经各自政府正式授权签署本协议，以昭信守。

1991 年 5 月 29 日订于布鲁塞尔，一式两份，用英语、法语和荷兰语写成，三种文本具有同等权威。

法兰西共和国政府与大不列颠及北爱尔兰联合王国政府
关于完成北海南部大陆架划界的协定
（1990 年 7 月 23 日）

法兰西共和国政府与大不列颠及北爱尔兰联合王国政府，

忆及 1982 年 6 月 24 日两国政府关于西经 30 分以东区域大陆架划界协议的第二条第 2 款，根据该条款规定，从点 4 至双方及比利时王国大陆架边界交界处的划界将在适当时间通过适用确定点 1 至点 14 边界线同样的方式完成，

注意到用于 1982 年彼瑞德滩的坐标系出现材料误差，因此，1990 年 3 月 21 日通过外交部向英国驻法大使馆提交的照会和 1990 年 3 月 27 日使馆回复的照会修改了点 13 和点 14 的坐标，

期望完成点 14 以远的边界划界，

达成协议如下：

第一条

1. 双方和比利时王国三国大陆架边界的交界处应以欧洲基准（1950 年第一次调整）确定如下：

点号	纬度	经度
点 15	51°33′28″N	2°14′18″E

2. 北海南部区域分属联合王国和法兰西共和国的部分大陆架边界应是包括点 14 和点 15 的一条恒向线。

3. 第 2 款确定的边界见本协议附图。

第二条

特此记录已修改正确的点 13 和点 14 的坐标如下：

点号	纬度	经度
点 13	51°20′11″N	2°02′18″E
点 14	51°30′14″N	2°07′18″E

第三条

1. 每个协议方完成本协议生效必需的宪法程序时应通知另一方。

2. 本协议应自收到最后通知之日起生效。

由双方政府正式授权代表签署本协议,以昭信守。

本协议于 1991 年 7 月 23 日在伦敦签署,一式两份,由英文和法文写成,两种文本具有同等效力。

Law of the Sea：Current Developments in State Practice No.Ⅲ（UNDOALOS）
—ISBN 92 - 1 - 133436 - 5

© (1992) United Nations for the English edition

© 2016 United Nations for the Simplified Chinese edition

All rights reserved worldwide

世界海洋法译丛·海上边界国家实践发展现状Ⅲ

© (1992)联合国英文版

© 2016 联合国简体中文版

拥有全球范围著作版权

山东省版权局著作权合同登记号:图字 15 - 2018 - 70

图书在版编目(CIP)数据

海上边界国家实践发展现状.Ⅲ/张海文,黄影主编;谢慧译.—青岛:
青岛出版社,2018.9
(世界海洋法译丛)
ISBN 978 - 7 - 5552 - 7010 - 2

Ⅰ.①海…　Ⅱ.①张…　②黄…　③谢…　Ⅲ.①海洋法—案例—汇编—中国
Ⅳ.①D993.5

中国版本图书馆 CIP 数据核字(2018)第 110457 号

书　　名	世界海洋法译丛·海上边界国家实践发展现状Ⅲ
主　　编	张海文　黄　影
出 版 人	孟鸣飞
出版发行	青岛出版社(青岛市海尔路 182 号,266061)
本社网址	http://www.qdpub.com
责任编辑	周静静
封面设计	张　晓
照　　排	青岛新华出版照排有限公司
印　　刷	青岛国彩印刷有限公司
出版日期	2018 年 9 月第 1 版　2018 年 9 月第 1 次印刷
开　　本	16 开(710mm×1000mm)
印　　张	18.5
字　　数	300 千
书　　号	ISBN 978 - 7 - 5552 - 7010 - 2
定　　价	180.00 元

编校印装质量、盗版监督服务电话　4006532017　0532 - 68068638